L'ÉCOLE

DE LA

RÉPUBLIQUE

PAR

Charles GOURAUD

PARIS

LIBRAIRIE INTERNATIONALE

A. LACROIX, VERBOECKHOVEN ET Cie, ÉDITEURS

15, boulevard Montmartre et faubourg Montmartre, 13

MÊME MAISON A BRUXELLES, A LEIPZIG ET A LIVOURNE

1872

L'ÉCOLE

DE

LA RÉPUBLIQUE

Paris. — Imp. Émile Voitelain et Cⁱᵉ, 61, rue J.-J.-Rousseau.

L'ÉCOLE

DE LA

RÉPUBLIQUE

PAR

Charles GOURAUD

❖❖❖

PARIS

LIBRAIRIE INTERNATIONALE

A. LACROIX, VERBOECKHOVEN ET Cⁱᵉ, ÉDITEURS

13, boulevard Montmartre et faubourg Montmartre, 13

MÊME MAISON A BRUXELLES, A LEIPZIG ET A LIVOURNE

—

1872

PERSONNAGES

ÉRASTE.

POLYGNOTE, peintre d'histoire, ami d'Eraste.

GALIEN.

Sir JOHN BERKELEY.

LYCON, banquier.

PHILARQUE, riche capitaliste.

LUCILE.

LA MARQUISE, tante de Lucile.

FABIA, femme de Lycon.

AUGUSTE, vieux serviteur, domestique d'Éraste.

L'ÉCOLE

DE LA

RÉPUBLIQUE

PROLOGUE

La scène est à Paris. — Nuit du 1er au 2 décembre 1871.
Une chambre à coucher.

ÉRASTE, dormant d'un sommeil inquiet. Une pendule sonne trois heures; il s'éveille. — Trois heures... Il y a vingt ans... à la même heure!... les assassins ! (Un silence.) Le singulier songe... Dormons... Homère... porte d'ivoire... (Il se rendort.)

Un lustre s'allume. Dans la chambre toute éclairée entre pimpant, l'air dégagé, un personnage touchant à la cinquantaine. Costume du temps de Louis XVI; frisure en ailes de pigeon, habit de gala, l'épée au côté. Il interpelle Éraste :

Il n'est pas encore habillé! à cinq heures du soir! quand l'Opéra dans un instant...

ÉRASTE. — Où ai-je vu cet original?

L'OMBRE. — Vite, qu'on l'habille! Manquer *la Toison d'Or* (1) avec la Maillard, la Gavaudan et Laïs!... et Vestris et Gardel, et la Guimard! J'ai le Livre de paroles, Vogel me l'a envoyé... Mais est-il mort, est-il vivant? Chevalier, à qui parlé-je?

ÉRASTE. — Chevalier? Que me conte-t-il?

L'OMBRE. — Le roi y sera! nous serons du côté du roi... (Pirouettant et arrangeant ses dentelles.) et qui sait si le roi...

ÉRASTE. — Le roi! Un roi!... qu'est-ce que cela peut bien être, qu'un roi? à quoi bon un roi?

L'OMBRE. — Malheureux! parler ainsi du roi! Il y va de la Bastille... pour nous deux peut-être... à moins que, de ma main, une bonne lettre de cachet...

ÉRASTE. — Holà!... seigneur revenant; trêve de cadeaux!...

L'OMBRE. — Mais les rois... mon cher...

ÉRASTE. — Ils naissent scélérats ou ils le deviennent. Ah ça, qui êtes-vous?

L'OMBRE. — Qui je suis? Es-tu gris, par la mort-Dieu! ou es-tu fou?

ÉRASTE, à part. — Il me tutoie? Il est familier!...

---

(1) Tragédie lyrique représentée sur le théâtre de l'Académie royale de musique en 1786. La musique est de Vogel.

(A l'Ombre.) Ni fou, ni gris; je suis Éraste. Et toi, comment te nommes-tu?

L'OMBRE. — Enfant dénaturé, tu ne reconnais pas le marquis, ton ancêtre?

ÉRASTE. — Par les femmes?

L'OMBRE. — Libertin! tu oses insulter ainsi toute notre race! (Mettant la main sur la garde de son épée.) Elle porte une épée; regarde!

ÉRASTE. — En as-tu deux?

L'OMBRE. — Tu es bien de mon sang, écervelé, sans cela tu ne me braverais pas ainsi.

ÉRASTE, riant. — De ton sang? Ah! ah! ah! Marquis, prends-tu les humains pour des chevaux? Et quand il serait prouvé que nous sortons toi et moi du même haras, en serions-nous moralement pour cela de même race?

L'OMBRE. — Il est fou! il est fou! Voyons, reviens à toi. (Elle se penche vers le lit.) Éraste! Éraste! m'entends-tu? (Elle crie.) Je suis ton ancêtre!...

ÉRASTE, à part. — Il me croit sourd. (A l'Ombre d'un ton hautain et d'un air glacial.) Mon ancêtre, il n'y a pas d'ancêtres!...

> L'Ombre grimace, s'allonge, blanchit; le lustre s'éteint : tout retombe dans le silence et dans la nuit.

> Éraste durant quelque temps dort tranquille, mais son sommeil peu à peu redevient inquiet; une lueur blafarde dissipe à demi les ténèbres, la chambre se remplit de fantômes, des bruits con-

fus se font entendre ; il croit se réveiller et il se
trouve rue Saint-Honoré, à peu près à la hau-
teur du Palais-Royal.

UNE BANDE EN GUENILLES hurle : Ça ira ! ça ira !
ça ira !...

ÉRASTE. — Que veut cette bande ?

UNE MÉGÈRE. — Eh ben, citoyen, c'te bande, elle
vient voir passer la petite Phlipon, la fille du graveur
du quai de l'Horloge ; la petite Phlipon... vous ne connaissez pas ?...

> Arrive une charrette. Une femme debout, vêtue en
> blanc, les cheveux épars tombant jusqu'à la
> ceinture, le sourire sur les lèvres, le regard
> tranquille, passe comme une vision devant
> Éraste ; elle se penche vers lui, et d'une voix
> mélodieuse lui jette ces mots :

« Sublimes illusions, sacrifices généreux, espoir,
bonheur, patrie, adieu !... (1). »

ÉRASTE. — Ah !... vous êtes madame Roland !...

> Il se précipite vers elle, mais le fantôme disparaît.

ÉRASTE, agité. — Polygnote ! tu es armé ? Suivons ces
bandits. On peut encore leur enlever Buzot... Ah ! le
voilà !...

LE FANTÔME DE BUZOT un poignard à la main. — Où est-
elle ?

---

(1) Ces paroles sont de Mme Roland. On les trouve dans une
de ces pages héroïques et charmantes qu'elle a tracées à la prison
de l'Abbaye, en juin 1793, sous le titre de : *Notices historiques.*

ÉRASTE. — Venez, venez... Où est Condorcet? où sont Vergniaud, Barnave, Camille, Sillery?...

LE FANTÔME. — Morts! morts! morts!...

ÉRASTE. — Qui vous a trahis, les rois?...

LE FANTÔME ricanant. — Les rois!... Pis que les rois, le peuple!... Ils ne veulent pas être libres, les lâches! mais je trouverai bien moyen de l'être, moi! (Il lève son poignard.)

ÉRASTE. — Arrêtez... (Il se jette sur le fantôme et reçoit entre ses bras un cadavre.)

> La scène change. Éraste se trouve transporté rue du Dauphin au milieu d'une foule armée; les balles pleuvent des fenêtres sur le jardin des Tuileries.

CRIS CONFUS : Vivent les sections! vive la garde nationale! à bas Barras!

> Un mouvement de la foule emporte Éraste; il se voit devant Saint-Roch; des pièces d'artillerie sont braquées enfilant le parvis de l'église et la rue Saint-Honoré. Arrive à cheval un officier qui se jette à terre et qui crie aux artilleurs :

Le feu! le feu!...

> Le canon tonne, la mitraille balaie la rue.

ÉRASTE, à une vieille femme qui s'abrite comme lui sous une porte cochère. — Qui est cet officier qui vient de crier de cette voix grêle : Le feu! le feu!

LA VIEILLE FEMME. — Vous ne le connaissez pas! C'est le petit Bonaparte.

ÉRASTE. — Ah!... un Italien...

LA VIEILLE FEMME. — Eh! non, citoyen, il n'est pas Italien, puisqu'il est de Florence!

> La vieille femme disparaît et Éraste voit à côté de lui un grenadier qui lui crie :

Rangez-vous!

> Une musique militaire joue : *Veillons au salut de l'empire!* Les rues sont pleines de peuple, des milliers de têtes sont aux fenêtres, les tambours battent aux champs, l'air s'ébranle et un chœur immense s'écrie :

Vive l'Empereur!

ÉRASTE, s'éveillant en sursaut. Ah! (Passant la main sur son front.) Ce n'était qu'un rêve... (Un silence.) Toujours ce cri... toujours un maître...

> Peuple lâche, en effet, et né pour l'esclavage,
> Hardi contre Dieu seul! . . . .

> Il reste un moment pensif et immobile, puis il relève la mèche d'une lampe et il regarde une pendule.

Pas encore quatre heures... (Soupirant.) Que cette nuit est longue!...

> Il rêve éveillé quelques instants, mais bientôt la fatigue est la plus forte, ses idées redeviennent confuses, ses yeux se ferment et le dieu des songes s'empare encore de lui.

> Une suite de salons brillamment éclairés et remplis

de personnages en costume de cour qui se parlent à voix basse. Ils s'étouffent, hommes et femmes, près d'une porte à deux battants qui est fermée et devant laquelle se tiennent, l'épée nue, deux cuirassiers en grande tenue, coiffés d'un casque à panaches. Un huissier de la chambre portant une baguette d'ébène garnie d'ivoire est immobile quelques pas en avant des soldats.

ÉRASTE, fendant la foule chamarrée qui remplit les salons. — Huissier !...

L'HUISSIER. — Monsieur !... monsieur !... mais monsieur !..

ÉRASTE. — Annoncez-moi !...

L'HUISSIER. — Mais, monsieur, on n'entre pas.

ÉRASTE. — On n'entre pas? Annoncez un Français qui ne demande rien.

Toutes les ombres dorées, pailletées, enrubannées, qui se pressent à la porte, font des mines courroucées.

L'HUISSIER, railleur. — Monsieur n'est sans doute jamais venu à la cour. On n'est jamais entré à la cour avec pareil mot de passe !...

ÉRASTE. — Ah !... que fait-on donc derrière cette porte ? pourquoi n'est-elle pas ouverte ?

L'HUISSIER. — Mais, monsieur, d'où venez-vous? Ne savez-vous pas que son altesse la princesse royale est en mal d'enfant, et que la France, d'ici à une heure peut-être, va avoir un prince... (D'un ton pénétré.) Car ce sera un prince, monsieur..., oui, un prince.

Assentiment religieux des ombres pailletées, dorées, enrubannées, qui obstruent la porte.

ÉRASTE. — Ah! son altesse... tiens, tiens!... Mais qui sont tous ces gens-là? huissier!

L'HUISSIER. — Monsieur!...

ÉRASTE. — Qui est cet homme là-bas dont l'habit m'éblouit; on ne le voit que de dos.

L'HUISSIER. — Monsieur, c'est le mandarin grand chambellan.

ÉRASTE. — Peste! Est-ce qu'il est aussi doré par devant que par derrière?

L'HUISSIER. — Oui, monsieur.

ÉRASTE. — Je voudrais faire le tour de cet homme-là. Il a un habit qui vaut de l'argent. Que peut valoir l'homme qui est dessous? l'huissier!

L'HUISSIER. — Monsieur!

ÉRASTE. — Ah ça, où suis-je ici?

L'HUISSIER. — Monsieur se moque, monsieur est aux Tuileries.

ÉRASTE. — Aux Tuileries?... Quel est le fou qui les a rebâties?... Eh bien! et la république, qu'est-ce qu'on en a fait?

L'HUISSIER. — La république! mais, monsieur, elle est morte! D'où venez-vous, au nom du ciel!... d'où venez-vous?

ÉRASTE. — Ils l'ont encore assassinée!... Pour la troisième fois!... Et qui règne ici? Un Italien, un Espagnol, un Anglais, un Russe?...

L'HUISSIER, hautain. — Oh! monsieur, un Allemand!

ÉRASTE. — Un Allemand!...

L'HUISSIER. — Oui, monsieur, l'empereur ne permettrait pas qu'il en fût autrement.

ÉRASTE. — L'empereur? Quel empereur?

L'HUISSIER. — Eh bien! monsieur, l'empereur!

ÉRASTE. — Mais, encore un coup, quel empereur?...

L'HUISSIER. — C'est étonnant, ce monsieur ne sait rien. Eh! monsieur, il n'y a qu'un empereur, l'empereur qui est à Berlin, l'empereur d'Allemagne, l'empereur d'Occident, l'empereur enfin; et notre roi d'ici est son parent.

ÉRASTE. — Tout est donc devenu allemand! et ces cuirassiers qui sont là plantés devant la porte, raides comme des pantins de Nuremberg, qui sont-ils?

L'HUISSIER. — Monsieur, ce sont les gardes du corps... (Se reprenant.) du sacré corps de sa majesté, notre roi.

ÉRASTE. — Ils ont l'air allemand.

L'HUISSIER. — Monsieur, ils sont Allemands. (Bas.) Aucun soldat français n'a voulu faire ce métier de laquais.

ÉRASTE. — Sans doute. Mais voilà un roi bien gardé! Et qui sont ces femmes avec ces mines et ces toilettes de catins?

L'HUISSIER. — Monsieur, ce sont les amies des amis du prince.

ÉRASTE. — Ah!... Eh bien, ouvrez-moi la porte.

L'HUISSIER. — Mais, monsieur, je vous ai dit...

ÉRASTE, menaçant. — Tu ne veux pas m'ouvrir la porte!...

UN MANDARIN, la poitrine couverte de décorations et les habits tout ornés de passements d'or, survenant et d'un ton solennel : — Monsieur, n'interrompez pas l'accomplissement du mystère !...

ÉRASTE. — Quel mystère?

LE MANDARIN. — Le royal mystère de l'hérédité !

ÉRASTE, éclatant de rire. — Ah ! le plaisant magot ! Ah ! ah ! ah !... mandarin... tu me fais faire une once de bon sang, et je ris comme je n'ai ri depuis longtemps... bien longtemps... Ah ! ah ! ah !... Hé ! l'huissier !... où peut-il être passé... qui m'a pris cet huissier... hé ! l'huissier !...

L'HUISSIER, qui avait disparu un moment, revenant. — Pardon, monsieur, j'étais allé essayer de redresser une des excellences chamarrées que vous voyez là-bas toute courbée... C'est le grand Maharchi. Figurez-vous qu'il a cru, quelque bruit s'étant fait derrière la porte, qu'elle allait s'ouvrir ; il s'est alors mis en deux, comme vous voyez, et je n'ai pas pu le remettre droit.

ÉRASTE. — Le singulier mammifère ! quelle échine !... Il a au moins quatre-vingts vertèbres !

L'HUISSIER. — Tout le monde, à la cour, monsieur, a ainsi plus que son compte de vertèbres.

ÉRASTE. — Tu m'as l'air d'un franc gars, sous ton habit d'huissier ; où as-tu fait ta philosophie, à Charle- magne ou à Cambridge?

L'HUISSIER. — Non, monsieur ; à la cour de Napo- léon III.

ÉRASTE. — Une forte école ! Çà, dis-moi, as-tu lu Gulliver?

L'HUISSIER. — Oh! oui, monsieur!

ÉRASTE. — Te rappelles-tu le chapitre où le feu ayant pris au palais de Lilliput, Gulliver l'éteint en...

L'HUISSIER, riant. — Oh! oui, monsieur!

ÉRASTE. — Eh bien, j'ai envie de représenter la scène du chapitre de Gulliver.

L'HUISSIER, effaré. — Pas ici, monsieur, pas ici!

ÉRASTE, sévèrement. — Huissier, je vous avais pris pour quelqu'un; vous n'êtes qu'un homme de cour.

L'HUISSIER. — Mais, monsieur!...

ÉRASTE, plus doux. — Écoute, tu as un moyen de dispenser ces gens-là de la scène de Gulliver, mais tu n'en as qu'un...

L'HUISSIER. — Et lequel? monsieur.

ÉRASTE. — Crie : Vive la République!

L'HUISSIER, éperdu. — Mais, monsieur, c'est défendu par l'Assemblée de Versailles!

ÉRASTE, hautain. — Raillez-vous? Vous ignorez, sans doute, que je suis représentant.

L'HUISSIER. — Alors, monsieur doit savoir encore mieux que moi la vérité de ce que je me permets de lui dire.

ÉRASTE impatienté. — Allons, veux-tu crier vive la république, oui ou non?

L'HUISSIER, au désespoir. — Mais, monsieur, vous allez me faire perdre ma place!...

ÉRASTE, radouci. — C'est juste, je n'y pensais pas;

rassure-toi, je vais crier moi-même. (Il crie) Vive la République!...

> A l'instant, les mandarins, les maharchis, les courtisans, les catins, les mendiants dorés, pailletés, etc., tourbillonnent avec leurs oripeaux, comme emportés par le vent, et s'envolent. L'huissier disparaît. Un craquement se fait entendre. Les Tuileries s'effondrent, et la lune se lève sur des ruines.

> Les ruines des Tuileries. Les rayons de la lune projettent sur les décombres une lumière tremblante. Éraste, un jonc à la main, s'avance étonné et triste. Un hibou fait entendre son gémissement grave et allongé.

ÉRASTE. — Oiseau d'Athènes, que me veux-tu?

> Quelque chose s'agite derrière un fût brisé de colonne ; à la clarté de la lune, une ombre se dessine sur un mur.

ÉRASTE, la canne haute, se dirigeant vers la colonne. — Qui va là ?

> Un personnage, sous l'habit de voyage d'un étudiant allemand, tourne la colonne, et s'avançant vers Éraste :

Eh! eh!... le Seigneur Éraste ne me reconnaît pas!

ÉRASTE. — Méphistophélès! Toi, ici, vaurien? qu'y viens-tu faire?

MÉPHISTOPHÉLÈS. — Vous voyez, j'aime les ruines et le clair de lune, et je me promène. Et puis, je n'étais pas fâché de causer un peu avec vous.

ÉRASTE. — De métaphysique?

MÉPHISTOPHÉLÈS. — De métaphysique.

ÉRASTE. — On m'avait dit que tu avais de l'esprit, Méphistophélès : ta réponse n'en montre guère. Me prends-tu pour ce niais de Faust?....

MÉPHISTOPHÉLÈS, à part. — Oh ! les Français !... (A Éraste.) Non, seigneur, c'est de politique que je veux parler avec vous et je vous apporte un bon avis. (Ricanant.) Le diable donnant un conseil à un philosophe, qu'en dites-vous?

ÉRASTE. — C'est nouveau.

MÉPHISTOPHÉLÈS. — Cela vous plaira donc. Voulons-nous nous asseoir?

ÉRASTE. — Assieds-toi si tu veux; je reste debout. Tu sembles fatigué. D'où viens-tu?

MÉPHISTOPHÉLÈS s'asseyant sur le soubassement de la colonne. — De Berlin.

ÉRASTE. — Ta patrie.

MÉPHISTOPHÉLÈS. — Pour le moment et pour quelque temps encore.

ÉRASTE, à part. — Il est franc. (Haut.) Et quel est ce bon avis que tu m'apportes de Berlin?

MÉPHISTOPHÉLÈS. — Seigneur Éraste, vous le savez, j'ai toujours aimé les philosophes, surtout ceux qui cherchent la pierre philosophale. Vous la cherchez en politique. Si vous étiez le bonhomme Faust, je vous persuaderais que vous pouvez la trouver. Mais vous êtes Français, et je ne veux pas exposer le diable à ce que vous lui riiez au nez. Je viens donc tout exprès de

Berlin pour vous dire que vous ne trouverez pas la pierre philosophale.

ÉRASTE. — Par la pierre philosophale, tu entends la république?

MÉPHISTOPHÉLÈS. — C'est plaisir, seigneur, de causer avec des logiciens; ils abrégent de moitié le dialogue. La république donc étant une chimère...

ÉRASTE. — Doucement, sophiste, tu prends pour accordé ce qu'il s'agit de démontrer.

MÉPHISTOPHÉLÈS. — Oh! vous voulez une démonstration? J'en ai une dans ma besace, mais je croyais inutile de la déballer.

ÉRASTE. — Si! si! déballe un peu ta démonstration.

MÉPHISTOPHÉLÈS. — La voici : elle est vieille comme le monde, et pourtant, seigneur Éraste, *mutato nomine de te...*, elle a l'air d'être toute neuve, à votre service. Or donc, regardez cette besace, elle a deux poches comme vous voyez. Mais savez-vous bien ce que j'ai dans chacune de ces poches?

ÉRASTE. — Quand tu me l'auras dit, je le saurai. Est-ce que tu es venu de Berlin pour jouer ici à pair ou non?

MÉPHISTOPHÉLÈS. — Peut-être; mais je vais vous dire franchement ce que j'ai dans chacune de ces poches. Dans la poche de droite, j'ai les Césars présents et futurs; dans la poche de gauche j'ai les démagogues nés ou à naître. Ai-je la bonne fortune d'être clair?

ÉRASTE. — Continue de t'expliquer comme si tu ne l'étais pas.

MÉPHISTOPHÉLÈS. — Comment! seigneur Éraste,

j'inspire les Césars et les démagogues, je les tiens dans ma main, je les unis, je les divise, je leur fais mettre s'il me plaît le feu à Saint-Cloud et aux Tuileries, je peux vous jeter sur les bras un million d'hommes armés, ne voyant, ne jurant que par César, ou bien je puis soulever dans toutes vos villes des masses demandant le partage ou l'incendie, et vous vous croyez avec ce seul mot : république, capable de me résister?

ÉRASTE. — Je le crois.

MÉPHISTOPHÉLÈS. — Il faut donc vous convaincre de votre erreur.

ÉRASTE. — Voilà une demi-heure que tu parles et tu n'as encore rien dit.

MÉPHISTOPHÉLÈS, à part. — Oh! ces Français! (Haut.) Sachez donc, seigneur Éraste, puisque vous feignez de l'ignorer, sachez, dis-je, que j'ai gorgé les Allemands des trois choses dont ils sont le plus altérés, le vin, le sang et l'or.

ÉRASTE. — Eh bien ! si tu les en as gorgés, ils doivent en avoir une indigestion.

MÉPHISTOPHÉLÈS. — Pardon ! les Allemands digèrent lentement. Leur reconnaissance envers le César qui les a mis à même de se satisfaire sera durable. D'un autre côté...

ÉRASTE. — Ah! tu vas vider la seconde poche de ta besace?

MÉPHISTOPHÉLÈS. — Regardez, seigneur, au fond de cette poche comme toutes ces vipères grouillent : la vipère de l'athéisme, la vipère de l'égalité absolue, la vipère de la licence, la vipère de l'égoïsme, *vulgo* de la fraternité, la vipère de l'envie ; — n'approchez pas trop, elle va vous mordre, — la vipère de la débauche, la vipère littéraire, un joli spécimen ! regardez, bouchez-vous le nez, car elle pue, mais comme ses écailles sont chatoyantes, comme... ah ! le bijou !... Ma cousine la couleuvre dont le souvenir effarouchait parfois le bon Faust, n'était qu'un innocent lézard à côté de ce serpent-là. Linnée et Wulf n'ont rien observé de plus sûrement venimeux. (Les vipères sifflent, il referme la poche.) Paix là, mes filles ! Monsieur est de mes amis, ce n'est pas sur lui que je veux vous lâcher !...

ÉRASTE. — Et sur qui les lâcheras-tu ?

MÉPHISTOPHÉLÈS. — Oh ! cela ne dépend pas tout à fait de moi.

ÉRASTE. — Et de qui ou de quoi cela dépend-il ?

MÉPHISTOPHÉLÈS. — Des circonstances, mais je vous en ai assez dit pour vous montrer, seigneur Éraste, que le meilleur parti que vous ayez à prendre...

ÉRASTE. — Est de ?

MÉPHISTOPHÉLÈS. — Est de renoncer à la pierre philosophale, et de vous faire ou césarien ou démagogue.

ÉRASTE. — Tu es un enfant, Méphistophélès !

MÉPHISTOPHÉLÈS. — Bon ! avez-vous un talisman, seigneur Éraste, vous un philosophe ?

ÉRASTE. — J'ai un talisman.

MÉPHISTOPHÉLÈS. — Je vous ai montré mes Césars et mes vipères ; votre seigneurie, en échange, voudrait-elle me faire la grâce de me montrer son talisman ?

ÉRASTE. — Volontiers ; ta force, n'est-il pas vrai,

Méphistophélès, consiste à inspirer les Césars et leurs suppôts volontaires ou involontaires, les démagogues?

MÉPHISTOPHÉLÈS. — Très-exact.

ÉRASTE. — Eh bien! la mienne consiste à les laisser s'inspirer de toi.

> Méphistophélès grince des dents ; il se roule dans des contorsions, il perd la forme humaine, et Éraste voit à sa place un barbet qui lui lèche les pieds et qui lui dit :

Maître, tu as vaincu, car tu crois!

ÉRASTE. — Barbet, voilà un mot qui te sauve de la volée de coups de canne que tes impertinences de tout à l'heure t'avaient gagnée.

LE BARBET. — Je retourne à Berlin, maître, que me chargez-vous de dire?

ÉRASTE. — Tu leur diras qu'en te promenant une nuit, dans les ruines des Tuileries, tu y as rencontré une variété de l'homme que l'Allemagne, grâce à toi, ne connaîtra pas de longtemps...

LE BARBET. — Et comment, seigneur, appelle-t-on cette sorte d'homme?

ÉRASTE. — Un citoyen.

> Le barbet hurle, s'élance et disparaît.

> Les ténèbres obscurcissent la scène. Éraste, immobile jusque-là, fait un mouvement, l'enchantement cesse. Dans son sommeil, devenu demi-lucide, il retrouve la conscience vague du véritable lieu où il est. Il se sent dans son lit épuisé de fatigue.

> Bientôt il lui semble voir s'approcher de son chevet une dame âgée, vêtue de deuil, qui s'assied, lui prend la main et lui dit :

Tu as la fièvre, mon enfant.

ÉRASTE. — Non, je vous en assure, je suis calme.

LE FANTÔME, souriant. — Je suis au fait de ce calme-là. Tu n'en as jamais connu d'autre.

ÉRASTE. — Vous vivez donc toujours ?

LE FANTÔME. — Toujours.

ÉRASTE. — Je vous reverrai ?

LE FANTÔME. — Tu me reverras.

ÉRASTE. — Où ? quand ? comment ?

LE FANTÔME. — Tu le sauras.

ÉRASTE. — Parlez, parlez...

LE FANTÔME, lui mettant la main sur la bouche, d'une voix grave et douce. Tais-toi et écoute. (Vivement.) Les moments sont chers. Préviens tes amis. Du sang-froid, ou vous êtes perdus !

> Éraste s'agite. La vision s'évanouit.

> Il tombe alors dans un sommeil profond durant lequel il ne passe plus sur l'horizon de sa pensée que des ombres vagues qui glissent sans se fixer. Une heure s'écoule. Entre dans la chambre un domestique qui dit :

.....Monsieur !...

> Éraste ne l'entend pas. Le domestique s'approche du lit et répète :

Monsieur !

ÉRASTE, dormant, murmure : — Brutus!... (Et après un silence.) Retire-toi...

> Le domestique considère un moment Éraste et s'en va en fermant doucement la porte de la chambre.

> Une heure encore se passe. Le domestique rentre dans la chambre. Les rideaux des fenêtres crient, et une voix forte répète :

Monsieur ! monsieur !...

ÉRASTE, s'éveillant.

Il est six heures ?

AUGUSTE.

Il en est sept sonnées, monsieur.

ÉRASTE, se jetant hors de son lit.

Pourquoi ne m'avoir pas éveillé, Auguste ?

AUGUSTE.

Je suis venu, monsieur, mais monsieur m'a dit...

ÉRASTE.

Je vous ai parlé ?

AUGUSTE.

Oui, monsieur m'a dit : Brutus... retire-toi...

ÉRASTE, s'habillant.

Eh bien ! Auguste, vous ne vous appelez pas Brutus ?

AUGUSTE.

Non, monsieur, c'est...

ÉRASTE.

Je n'ai pas dit autre chose ?

AUGUSTE.

Non, Monsieur. Monsieur, c'est une lettre qu'un commissionnaire apporte de chez M. Polygnote. Il dit qu'il y a une réponse.

ÉRASTE prend la lettre et lit des yeux.

« Une grande dame qui veut impérieusement ce
« qu'elle désire, vertu commune, assure-t on, à toutes
« les grandes dames et même aux autres, a résolu d'as-
« sister après-demain 4 décembre à la séance de ren-
« trée de l'Assemblée de Versailles. Comme nous
« sommes du faubourg Saint-Germain, non pas moi,
« mais la grande dame, nous nous sommes tout natu-
« rellement adressés à l'extrême droite, puis à la droite,
« puis au centre droit. Plus de billets! Nous nous
« aventurâmes alors jusqu'en centre gauche. Néant!
« Conseil tenu, nous nous décidons à passer le Ru-
« bicon, à rebours, et nous voici, citoyen représentant,
« en pleine gauche, sollicitant de la République ce que
« les légitimistes, les orléanistes et tout ce qu'il y a de
« gens bien pensants en *istes*, dans l'absence d'esprit
« politique, qui est en train de les immortaliser, a ou-
« blié de nous offrir, — la faveur d'une entrée.

« Si mon cher Éraste l'accorde, il aura pour récom-
« pense

Un doux *merci* avec un doux sourire...

« Sinon je te donne ma malédiction. »

(A demi-voix.) Que veut-il que j'en fasse?

« Il ne faut pas oublier que la grande dame a une

« nièce charmante. Il nous faut donc au moins deux
« ou trois places.

« Il faut également savoir que sir John est venu hier
« en personne chez moi me prier de t'écrire. Vois s'il
« est politique que la gauche, en ce moment-ci, se
« brouille avec l'Angleterre.

« Mme Lycon, chez qui il est inévitable qu'un jour
« ou l'autre tu rencontres ces dames, m'a signifié,
« en outre, qu'elle ne me reverrait de sa vie si je ne
« rapportais pas les billets. Le docteur enfin, qui est
« toujours de l'avis de Mme Lycon, a affirmé par
« Esculape qu'il n'y avait rien de plus hygiénique que
« d'aller geler et s'étouffer après-demain à vous re-
« garder et à vous entendre.

« Que Minerve t'assiste et qu'elle te persuade que ce
« que tu as de plus prudent à faire est de me renvoyer
« *prestissimo* par Iris, qui t'apparaîtra sous l'honnête
« et large figure de mon commissionnaire, des billets,
« trois ou quatre si tu peux, dont nous nous passerions
« sans difficulté si on les obtenait sans peine, mais
« qu'il nous faut absolument puisqu'ils sont introu-
« vables. — POLYGNOTE. »

(A Auguste.)

Faites attendre un moment le commissionnaire, je
vais lui donner ce qu'il vient chercher.

FIN DU PROLOGUE.

ACTE PREMIER

La scène est à Paris, le 10 décembre 1871.

SCÈNE I.

Le cabinet d'Éraste. — Sept heures du matin.

ÉRASTE, UN COPISTE.

ÉRASTE, achevant la dictée d'une phrase.

..... d'un problème à la solution duquel n'ont conduit jusqu'ici ni l'application de l'anatomie à la botanique, ni l'embryogénie comparée des espèces et des règnes, car les graines sont de véritables œufs, et les poules vierges pondent.

LE COPISTE.

..... pondent.

ÉRASTE.

A la ligne.

CHAPITRE II.

Les animaux ne transmettent à leurs petits, avec l'organisation qui leur est propre, que l'instinct qui dérive de la nature de cette organisation.

Dans le règne entier de la zoologie, sans en excepter

l'ordre des bimanes, les parents transmettent, avant tout, à l'individu qui leur doit la vie, les caractères de l'espèce à laquelle ils appartiennent.

Un naturaliste, dont l'imagination égara malheureusement le génie, a prétendu, il y a un demi-siècle, que dans une succession d'époques de la nature dont la durée est inconnue, sous l'influence de forces physiques et chimiques qui ont cessé d'agir et dont nous n'avons plus d'idées, le reptile que nous ne retrouvons plus qu'à l'état fossile avait pu, déviant soudain de son type, se métamorphoser en oiseau. Une postérité d'hommes d'esprit, plus romanciers que physiologistes, s'est emparée de cette idée, et prétend aujourd'hui nous faire accroire que la bête humaine, produit d'une transformation analogue, descend directement du singe.

C'est une erreur. Jamais poirier n'a produit de pommier, jamais mollusque n'a donné naissance à un insecte, et jamais quadrumane n'a engendré d'animal n'ayant que deux mains, non plus que jamais bimane n'a mis au monde un être en ayant quatre. Depuis les temps historiques, les espèces sont fixes, et il n'est permis à personne de prétendre que cette loi ne date que des temps historiques, car il n'est au pouvoir de personne de le démontrer.

Natura est semper sibi consona, disait Newton. Ne méprisons pas légèrement et sans témoignage contraire à lui opposer, un principe évident qui s'affirme lui-même tous les jours, et devant lequel s'inclinait Newton.

Le petit du bimane ne vient pas seulement à la lumière avec les traits distinctifs de l'espèce humaine, comme tous les petits des autres espèces animales y viennent avec les traits distinctifs des espèces auxquelles chacun ils appartiennent, il reproduit en outre les signes de la race d'où il sort.

Si ses parents sont de race blanche, il naît blanc; s'ils sont de race noire, il naît noir; si de race jaune, il naît jaune; si de race rouge, il naît rouge. Si les parents sont de race différente, le petit est un métis qui, tout en gardant invariablement les traits essentiels de l'espèce, reproduit, en les mêlant, les signes des deux races dont le sang s'est confondu dans le sien. Qu'un Géorgien s'unisse à une Nubienne, le produit sera un mulâtre qui tiendra, par exemple, de son père une tête ovale, de sa mère un nez écrasé, des deux, à des degrés divers, suivant que l'ascendant physique du mâle ou de la femelle aura prévalu, un teint plus ou moins foncé, ou plus ou moins clair.

En outre, dans la zoologie humaine, comme dans le reste entier de la zoologie, le mâle et la femelle qui s'unissent ont la propriété de transmettre à l'individu qu'ils mettent au monde, outre l'unité de l'espèce et la variété de la race, certains caractères physiques individuels qui viennent tantôt du mâle, tantôt de la femelle, tantôt de l'un et de l'autre.

Ainsi la ressemblance des enfants entre eux et avec l'un de leurs parents ou avec tous les deux, est depuis un temps immémorial un fait d'observation vulgaire.

Il y a deux mille ans, Virgile nous envoyait, sur les ailes de la poésie, le témoignage, fidèlement arrivé jusqu'à nous, de l'agréable surprise que causait, dans une famille romaine, la ressemblance presque indiscernable de deux frères.

> . . . . Proles
> Indiscreta suis gratusque parentibus error.

Nous entendons tous les jours répéter, à propos de tel ou tel,.cette locution devenue proverbiale : Ce garçon est le portrait de son père ; cette fille est l'image de sa mère.

Les anomalies physiques se transmettent aussi par la voie de la génération. Telle forme singulière du nez, de la lèvre supérieure ou inférieure, des oreilles, du squelette des membres, telle difformité même passe, et souvent pendant plusieurs générations, des ascendants aux descendants. Ainsi, et pour ne pas citer des exemples trop connus pour qu'il soit intéressant d'y insister, je rappellerai seulement, à titre de curiosité, qu'il existe dans l'espèce humaine des familles sexdigitaires.

Les animaux enfin transmettent à leurs petits, avec l'organisation qui leur est propre, l'instinct qui dérive de la nature de cette organisation.

Qu'est-ce que l'instinct? (1). C'est la force innée, machinale et irrésistible, sous la domination de laquelle les animaux, sans exception, du zoophyte au bimane, exécutent, sans réflexion ni conscience, des actes, des opérations, et jusqu'à des métiers auxquels leur constitution organique les rend propres.

----

(1) Si cette discussion de physiologie intéressait quelques personnes, nous leur demanderions la permission de les renvoyer au livre II de *la Société française et la Démocratie* (mai 1870), où l'auteur a établi les principes dont il développe ici les conséquences.

Il y a deux instincts communs au règne animal entier : l'instinct de la conservation et celui de la reproduction.

Il est des instincts particuliers à chaque espèce animale. Le castor, maçon de naissance, a l'instinct de bâtir sur un plan à lui fatalement tracé, dont il ne s'écarte jamais. L'abeille, artiste sans le savoir, a sous la rigueur de la même loi l'instinct de sculpter. Les poissons et les oiseaux obéissent, à certaines périodes fixes, à l'instinct d'émigrer.

Il y a enfin l'instinct de race. Tous les chiens ne chassent pas. Mais il en est qui chassent de race, comme dit le proverbe.

Le bimane, notre corps, l'animal le plus parfait qui nous soit connu, doit à la richesse de son organisation, outre les instincts de conservation et de reproduction communs au règne zoologique entier, des instincts d'une variété extraordinaire qui, dans cette multiplicité du moins, n'appartiennent qu'à lui. C'est sous l'empire de ces instincts que nous voyons, à chaque instant, notre corps nous rendre, sans que nous le lui ayons enseigné, d'où l'aurions-nous appris nous-mêmes? cette infinité de services de domesticité individuelle, qui ne nous étonnent pas, parce que nous n'y regardons jamais, qui nous confondraient d'admiration si nous y regardions une heure.

Le bimane donc, ainsi que tous les autres animaux, reçoit de ses parents, avec l'organisation propre à leur espèce, l'instinct qui en dérive, et à son tour, il transmet à ses petits et cette organisation et cet instinct.

Reçoit-il et transmet-il autre chose ?

CHAPITRE III.

Réponse à une objection.

Quelques penseurs l'ont cru et non pas des médiocres.

Condorcet, sous la forme d'un doute, a exprimé leur opinion en ces termes spécieux :

« Nos parents, qui nous transmettent les avantages
« ou les vices de leur conformation, de qui nous tenons
« et les traits distinctifs de la figure et les dispositions
« à certaines affections physiques, ne peuvent-ils pas
« nous transmettre aussi cette partie de l'organisation
« physique d'où dépendent l'intelligence, la force de
« tête, l'énergie de l'âme ou la sensibilité morale (1) ? »

Non, certes, ils ne le peuvent pas !

Le langage d'abord dans lequel ce doute est présenté est équivoque.

Qu'est-ce qu'une *partie de l'organisation physique d'où dépendrait l'intelligence?* Il est vrai que l'intelligence, c'est-à-dire l'homme, dépend des organes du bimane son corps, en ce sens qu'il ne peut rien signifier ou exécuter sans le secours de ces organes; mais il n'est pas vrai que ceux-ci aient aucune part à l'enfantement de la pensée. Qu'est-ce que le cerveau, cette partie de l'organisation physique d'où dépend surtout, non pas l'intelligence, mais l'exercice de l'intelligence, ce qui est bien différent? C'est un stéréoscope animal, c'est une lyre vivante, rien de plus.

---

(1) *Tableau des progrès de l'esprit humain*, X^e époque.

Le cerveau ne réfléchit pas plus que l'œil ne regarde. Le cerveau photographie des sensations, l'œil des images. A l'aide de ces deux machines et sur le vu des éléments qu'elles lui présentent, l'homme, l'homme seul, dis-je, pense.

Les parents d'un bimane, en lui transmettant un cerveau, ne lui transmettent donc pas la faculté de penser à un degré quelconque, ils lui transmettent seulement un organe semblable à celui dont ils ont été pourvus eux-mêmes et à l'aide duquel il rendra à son tour ses pensées sensibles.

Promenez-vous sur un turf. Arrivera quelque maquignon désireux de vous prendre pour ponte qui vous proposera de parier pour *Busiris*, qui va courir et qui certainement, monsieur, ne peut manquer d'arriver premier. Et là-dessus le personnage vous exhibera une pancarte affirmant en jargon d'écurie que *Busiris* a du sang, car il est PAR *Mercure* et *Omphale*. Cette montre de généalogie a-t-elle ici quelque valeur? Assurément; car il n'est pas douteux que *Mercure* et *Omphale*, étalon et cavale renommés, auront transmis avec leur sang à *Busiris* un cœur, des poumons et des muscles capables de lui procurer la victoire. Pourquoi? C'est que des organes vivants se transmettent par la voie de la génération avec le degré précis d'énergie vitale dont ils sont doués. De sorte que si les parents d'un animal sont vigoureux, il est presque infaillible que cet animal le soit.

Mais l'être responsable et pensant que nous sommes, l'homme, en un mot, dépend-il pour sa qualité intellectuelle et morale de cette loi zoologique? Nullement.

L'animal a un ancêtre, l'homme n'en a pas.

Persistez-vous à en douter? Veuillez nous expliquer alors comment il arrive qu'un maçon ait pour fils un astronome, et un astronome un être incapable de faire un maçon? Si nos parents nous transmettaient *cette partie de l'organisation physique d'où dépend l'intelligence*, comme disait Condorcet, il est certain qu'un père et une mère remarquables par leur esprit auraient dans leur fils un homme auquel ils auraient transmis aussi infailliblement cet esprit que *Mercure* et *Omphale* ont transmis à *Busiris* leur appareil respiratoire et leurs jarrets; mais si le fils est un sot, comme cela arrive si souvent, qu'est-ce que son père et sa mère lui ont transmis?

Les exemples de ce que je dis là sont innombrables et ils parlent, je pense...

LE COPISTE, trompé par le ton avec lequel Éraste a prononcé ces
derniers mots et croyant qu'il s'est adressé à lui.

Oh! oui, monsieur!

ÉRASTE, souriant.

Sans doute. Mais ce que je viens de dire fait aussi partie du texte, et il faut l'écrire.

LE COPISTE, écrivant.

Pardon, monsieur, l'accent avec lequel vous avez parlé m'avait trompé. (Après avoir écrit.) Monsieur, si je n'étais pas indiscret, je voudrais dire quelque chose.

ÉRASTE.

Vous êtes de l'avis de Condorcet? Parlez!

LE COPISTE.

Monsieur, j'ai un chien que j'ai recueilli tout petit et que j'ai dressé. Il n'a rien de remarquable à l'extérieur. C'est un chien des rues. Mais il est rempli d'intelligence, et s'il débutait au Cirque il aurait du succès. Eh bien! monsieur, d'où lui vient cette intelligence?

ÉRASTE.

Ce que vous appelez l'intelligence de votre chien n'est que son instinct que vous avez développé par l'exercice. Votre chien, comme tous les animaux, comme les bimanes eux-mêmes, votre corps et le mien, ne sont que des automates sentants et sensibles. Faites jouer souvent les ressorts de ces automates, vous en obtiendrez des choses surprenantes. Les clowns au Cirque ont dressé leur corps et les écuyers leurs chevaux, comme vous avez dressé votre chien. Mais ni les clowns, ni les écuyers, ni vous, vous n'avez donné pour cela de l'intelligence à des animaux. Vous en avez développé les organes et l'instinct, rien de plus.

LE COPISTE.

Alors mon chien n'est qu'une machine naturelle dont j'aurai graissé les ressorts?

ÉRASTE.

Justement. En voulez-vous la preuve? Votre chien tenait-il de son père les talents que vous lui avez donnés?

LE COPISTE.

Non, monsieur. Il n'avait que l'instinct commun à tous les chiens.

ÉRASTE.

Croyez-vous, la rencontre l'unissant à quelque chienne du voisinage, que les petits qui en naîtront auront en naissant quoi que ce soit des talents que vous avez donnés à leur père ?

LE COPISTE.

Oh ! non, monsieur.

ÉRASTE.

Il n'y a donc que l'instinct, qui n'est lui-même qu'une propriété essentielle de la matière animalisée, qui passe ainsi par la voie de la génération avec les organes au jeu desquels il est attaché des ascendants aux descendants. Autrement, que verrions-nous? Vous avez développé l'instinct de votre chien, et avec cet instinct, selon l'opinion de Condorcet et de tous les matérialistes qui l'ont suivi, son cerveau. Les petits qui naîtraient de lui devraient, dans ce système, avoir le cerveau aussi développé que le sien. De génération en génération, l'exercice et le progrès continuant, cette famille de chiens finirait par se métamorphoser d'une manière plus surprenante encore que le reptile de Geoffroy-Saint-Hilaire, et nos neveux stupéfaits se verraient un jour revenir au temps où les bêtes parlaient. Votre observation, d'ailleurs très-opportune, me suggère une idée qui m'échappait : c'est que, dans l'ordre même de l'instinct non plus que dans celui de l'intelligence, rien de ce qui est acquis par l'individu ne passe de cet individu à ses enfants. Vous apprenez à un chien à jouer aux dominos, le fils de ce chien n'aura pour cela aucune aptitude native qui le dispose à jouer aux dominos. Un homme est géomètre, il a un fils, le fils n'a nécessairement pour cela aucune aptitude à la géométrie ; c'est le contraire le plus souvent qui arrive.

> LE COPISTE, du ton déférent d'un homme qui se tient pour
> satisfait, mais qui n'a qu'à moitié compris.

Oui, monsieur.

> ÉRASTE, saisissant à l'accent la nuance de la réponse.

Au reste, tout ceci va devenir net dans ce qu'il me reste à vous dicter ce matin. Achevons, et, pour plus de clarté, terminons ici le chapitre III et ouvrons-en un autre.

> (Recommençant à dicter.)

CHAPITRE IV.

Accord de l'histoire et de la physiologie.

Qui connaît le père de Newton, qui s'inquiète de le connaître ? Avant la naissance du mortel extraordinaire qui a immortalisé ce nom, il y avait dans quelque comté de la Grande-Bretagne un homme et une femme qui le portaient. Qu'ont-ils transmis à Newton ? La vie, et rien que la vie. Car qui soutiendra qu'ils lui aient donné avec leur sang la moindre parcelle de son génie ? On ne donne que ce qu'on a. Ni le père ni la mère de Newton n'auraient été capables, non pas d'écrire, bien entendu, mais même de comprendre une seule page des *Principes.* Introducteurs dans le monde, par la voie de la génération, d'un corps humain nouveau qui échut à Newton, celui-ci ne leur dut que cet instrument d'existence. Quant à lui Newton, quels étaient ses vrais ancêtres, et si quelque d'Hozier un peu moins naïf que l'autre les recensait, où les trouverait-il? Dans un monde où rien ne se transmet par le sang, car dans ce monde il n'y a ni chair ni sang, le monde de la pensée. Les ancêtres de Newton, si quelqu'un tient à les connaître, ce sont Pythagore, Archimède, Hipparque, Copernic, Keppler, Galilée et Descartes. Personne n'imaginera, je pense, que son corps soit sorti de la même famille animale que ceux de ces grands hommes ses devanciers.

Quel est l'homme de génie dont on n'en puisse dire autant? En voici au hasard trois que tout le monde a lus et lira tant que la barbarie dont un renouveau nous menace n'aura pas encore une fois étouffé la civilisation : Corneille, Molière, Voltaire. Qui ne sait leur origine? Qu'est-ce que l'auteur de *Cinna* a dû, sauf l'entrée dans la vie, à Pierre Corneille, maître des eaux et forêts, en la vicomté de Rouen, et à Marthe le Pesant, son épouse? Qu'est-ce que Molière a reçu de plus, de par la grande vertu du sang, de Jean-Baptiste Poquelin, marchand fripier, valet de chambre tapissier chez le roi, et d'Anne Boutet, sa femme? Qu'est-ce que l'auteur de *Zaïre*, de l'*Essai sur les mœurs*, du *Dictionnaire philosophique*, et, du reste, son extrait de naissance mis à part, a recueilli de la succession humaine d'Arouet, son père, trésorier en la Chambre des comptes, et de Marguerite d'Aumart, sa mère?

L'individu physique, ovipare, vivipare, scissipare, se reproduit sous la figure d'un autre individu de son espèce et de sa race, attestant quelquefois par certains signes, sa parenté individuelle. — Voilà la loi zoologique et même jusqu'à une ligne de partage des deux règnes encore mal définie, la loi botanique, mais l'individu moral, l'homme, n'est pas soumis à cette loi, car il ne se reproduit pas.

L'homme qui naît ne reçoit de ses parents, potiers de son organisation physique, que cette organisation seule, mais sa personne d'où vient-elle? Dieu le sait. Sa destinée qui l'a prédéterminée? Dieu le sait. Cette personne, comme la destinée qu'elle a à accomplir, est nouvelle de toutes pièces, car elle est responsable et responsable seulement de ce qu'elle fera. C'est une plaisanterie indécente de *turf* et d'écurie de dire d'un homme qu'étant *par* tel et *par* telle, il les continue. La toile est tombée, pour ne plus se relever en ce monde, sur la pièce qu'ont jouée nos prédécesseurs quels qu'ils soient, qu'ils aient été ou non les parents des animaux nos corps dont nous nous servons à notre tour. Il n'y a aucune réversibilité morale des actes des devanciers aux successeurs. Nous n'héritons pas plus des vices de ces personnes que de leurs vertus. Nous ne leur devons, encore un coup, que l'introduction dans la vie, quand encore nous la leur devons.

Cela est si vrai que l'homme n'a pas plus de frère qu'il n'a de père.

Boileau était le onzième enfant de Gilles Boileau, greffier de Conseil de la Grand'Chambre. Son père disait de lui dans son enfance : « C'est un bon garçon. » Sans ce bon garçon, qui se souviendrait que Gilles Boileau vivait vers 1635, et que sa femme lui avait donné dix autres enfants?

Mozart eut une sœur qui lui survécut quarante ans. En femme d'esprit, elle n'appelait jamais Mozart que son frère *selon la chair.*

Mais voici le comble. La famille est si exclusivement animale et la généalogie, par conséquent, si vaine au point de vue humain, que l'homme de génie qui reçoit la vie de gens souvent fort médiocres et qui la reçoit d'eux dans la même matrice où l'ont reçue des frères dont le nom même ne survit pas, ne peut transmettre à son fils l'étincelle de la flamme sacrée qu'il avait reçue d'ailleurs.

Boileau disait à Louis Racine, pour le détourner de faire des vers : « Vous êtes le fils d'un homme qui a été le plus grand poëte de son siècle. Je me méfie de tout ce qui est sans exemple. Depuis que le monde est monde, on n'a jamais vu de grand poëte fils d'un grand poëte. » Louis Racine passa outre et fit des vers. En a-t-il laissé trois de suite qu'anime au plus faible degré le souffle poétique de *Phèdre* ou d'*Athalie ?*

Le fils du jurisconsulte Alighiero degli Elisei et de Dona Bella a rendu le nom de Dante immortel ; qui a jamais entendu parler des six enfants que lui donna Gemma Donati?

Chateaubriand s'est amusé à rechercher ce qu'était devenu *le sang* de Milton. Déborah, une de ses filles, eut un fils nommé Caleb Clarke. Ce petit-fils de Milton était clerc de paroisse à Madras dans les premières années du dix-huitième siècle.

Qui croirait, après cela, que l'on rencontre encore aujourd'hui des gens venant nous parler de leurs ancêtres ou des ancêtres de tel ou de tel, de races aristocratiques, de races royales enfin se perpétuant par la transmission du sang? Cela est pourtant, et la philosophie, après Descartes, après Newton, après Buffon, après Cuvier, en est réduite à discuter encore ces dégradants calculs de *stud-book*.

CHAPITRE V.

Des prétendues races royales et s'il y a une loi physiologique spéciale pour elles.

Il y avait à la cour d'Alexandre un homme d'un merveilleux génie. Observateur des deux mondes, physiologique et psychologique, comme personne ne l'a été depuis lui dans ce degré du moins de pénétration et de précision, il a vu et il a décrit presque toutes les lois de notre double nature. Dans un de ses ouvrages, traçant avec une sûreté de main incomparable les lois suivant lesquelles les États naissent, grandissent, se transforment et meurent, il s'arrête un moment devant la prétention qu'avaient, eux aussi, les courtisans d'Alexandre de procréer des êtres hors de pair comme eux-mêmes et de perpétuer dans le sein même de l'espèce humaine une race supérieure à tous les autres individus de cette espèce. Avec la finesse et la rigueur de langage qui lui étaient habituelles, il écarte en ces termes, dont la meilleure traduction ne peut donner que le sens, l'erreur d'histoire naturelle qu'il rencontre sur son chemin : « L'Hélène de Théodecte s'écrie :

> De la race des Dieux de tous côtés issue,
> Qui donc du nom d'esclave oserait me flétrir?

44   L'ÉCOLE DE LA RÉPUBLIQUE.

« C'est croire que de parents distingués sortent des
« fils distingués de même qu'un homme produit un
« homme et qu'un animal produit un animal. Mais
« bien souvent la nature veut le faire sans le pou-
« voir (1). »

La nature a-t-elle changé de lois durant les vingt
siècles écoulés depuis Aristote? Pas plus qu'elle n'en
avait changé durant les vingt siècles antérieurs qu'en
écrivant il avait sous les yeux. Les prolétaires, depuis
lui, n'ont pas plus nécessairement engendré des prolétaires, les plébéiens des plébéiens, les patriciens des
patriciens, les rois des rois, qu'ils ne l'avaient fait ci-
devant.

Et pourquoi ? C'est que dans les familles soi-disant
royales, familles purement animales, comme celles du
reste de l'espèce entière, le sang ne transmet rien que
l'organisation physique qu'il contient en germe et qui
en sort dans le travail de la génération comme le poulet
sort de l'œuf, et la plante de la graine. L'individu, de
quelque famille qu'il soit issu, ne répète pas l'individu

---

(1) *Politique*, I, ii, 19. Je cite la traduction de M. Barthélemy
Saint-Hilaire. Voici le texte même :

Ἡ Θεοδέκτου Ἑλένη φησὶ·

> Θείων δ' ἀπ' ἀμφοῖν ἐκγόνον ῥιζωμάτων
> Τίς ἂν προσειπεῖν ἀξιώσειεν λάτριν;

Ὅταν δὲ τοῦτο λέγωσιν..... ἀξιοῦσι..... ὥσπερ ἐξ ἀνθρώπου
ἄνθρωπον καὶ ἐκ θηρίων γίνεσθαι θηρίον, οὕτω καὶ ἐξ ἀγαθῶν ἀγαθόν·
ἡ δὲ φύσις βούλεται μὲν τοῦτο ποιεῖν παλλάκις, οὐ μέντοι δύναται.

dont il sort; il répète seulement la race et l'espèce auxquelles son prédécesseur appartient et dont il devient à son tour un représentant nouveau. Comment expliquerait-on autrement que le grand-père, le père et le fils pussent, fait si commun, être contemporains? C'est que les hommes, qu'ils naissent fils de princes, de saltimbanques, de peintres ou de cordonniers, ne continuent ni les cordonniers, ni les peintres, ni les saltimbanques, ni les princes leurs pères, mais seulement l'espèce dont le type se multiplie en eux, c'est-à-dire l'homme.

C'est pourtant sur l'énorme et si visible préjugé contraire que s'est établie et que se soutient encore la monarchie héréditaire.

Remontez aux origines de l'histoire, et calculez, si vous pouvez, le nombre de coquins et d'incapables qui, grâce à ce beau préjugé de la transmission par le sang de la vertu royale, ont occupé les trônes et désolé les peuples!

N'avons-nous pas vu, il y a vingt ans, la sottise publique aller ramasser sur les grandes routes, pour le faire empereur, l'aventurier de Boulogne et de Strasbourg, pour cette seule et unique raison qu'il était le neveu de Napoléon Ier? N'entendions-nous pas hier encore les parasites de son cousin traiter celui-ci de César, parce que son masque reproduisait quelques traits de celui du premier consul? Qu'est-ce que Napoléon III et Jérôme-Napoléon, bien qu'indubitablement tous les deux du même sang que Napoléon Ier, ont trouvé dans ce sang de la vertu politique de l'homme de Campo-Formio, soit dans la paix, soit dans la guerre?

Après eux, voici venir ou revenir les Bourbons des deux branches, arguant, eux aussi, du même paradoxe de physiologie.

Ils sont, disent-ils, les descendants de Henri IV. Physiquement cela est incontestable, jamais généalogie ne fut plus authentique. Mais qu'importe? De ce qu'à la neuvième génération ils viennent de Henri IV, s'ensuit-il qu'ils soient Henri IV?

A la première génération déjà, Henri IV n'était plus reconnaissable dans son fils. Quel homme ressembla jamais moins à son père et à sa mère que Louis XIII?

Regardez depuis la suite des d'Orléans. Se vit-il jamais dans aucune famille une succession d'hommes plus dissemblables par l'esprit, le caractère, les vertus et les vices? Qu'y avait-il dans Monsieur, frère de Louis XIV, qui rappelât le Béarnais? Suit le Régent, qu'il suffit de nommer. Le Régent a pour fils un dévot, entêté de jansénisme, qui engendre le mari de madame de Montesson. Suit Philippe-Égalité, d'où vint Louis-Philippe! Si quelques malappris se permettaient aujourd'hui de reprocher aux fils et aux petits-fils de Louis-Philippe les déportements du Régent, Dubois, Jansénius, la bienveillance de madame Dubarry, le vote du 17 janvier 1793, la déclaration du 7 août 1830 et la politique du 24 février, tout le monde les ferait taire et leur rappellerait que les fils ne sont pas responsables des fautes de leurs pères. Il est vrai, mais en revanche, où les fils prennent-ils la licence de se réclamer du génie de leurs pères, quand ceux-ci en ont eu, et la prétention d'y puiser des droits?

Princes ou savetiers de naissance, nous devons être

jugés par nos contemporains et nos concitoyens, non pas sur ce qu'ont pu faire de bien ou de mal les savetiers ou les princes dont notre corps, — notre corps seulement et non pas notre personne, — est issu, mais sur ce que nous avons fait ou faisons nous-mêmes d'utile au public et de recommandable aux yeux des gens de bien. Voilà ce que disent de concert l'histoire naturelle et le droit, et je pense qu'excepté dans quelques antichambres, tout le monde conviendra qu'en ceci le droit et l'histoire naturelle parlent de bon sens.

LE COPISTE, à Éraste, qui s'arrête un moment.

..... de bon sens. Monsieur, vous m'avez dit de vous prévenir quand il serait dix heures.

ÉRASTE, après avoir un peu rêvé.

Encore un chapitre : ce sera le dernier pour ce matin.

CHAPITRE VI.

De l'hérédité et de l'élection comparées au point de vue physiologique.

Que suit-il de tout ceci ? Que dans le système monarchique, le chef de l'État est donné par le hasard, et dans le système démocratique par le choix.

La physiologie et la moralité comparées des deux régimes sont tout entières en ces deux mots.

Ici on entend la voix d'Auguste et d'une autre personne, qui parlent à la porte du cabinet.

ÉRASTE, continuant.

A moins donc d'un miracle...

La porte s'ouvre : entre Galien.

SCÈNE II.

ÉRASTE, UN COPISTE, GALIEN.

GALIEN, qui vient d'entendre le dernier mot dicté par Éraste,
entrant.

Un miracle ! On fait des miracles ici, à l'insu de la
faculté !

ÉRASTE, allant au devant du docteur, lui prenant la main
et le faisant asseoir.

Rassurez-vous, docteur, ce ne sont que des miracles
en chambre. On ne se permettra pas de les risquer dans
la rue sans le visa de l'Académie.

GALIEN, s'asseyant.

Excellente quarantaine, indispensable à la convales-
cence du bon sens public, furieusement fêlé pour le
moment, et à qui il ne faut aucune secousse. Et vous,
comment allez-vous?

ÉRASTE.

Moi, docteur, à merveille.

GALIEN.

A merveille, à merveille !... En êtes-vous bien sûr?

ÉRASTE, riant.

J'en sais bien au moins quelque chose.

GALIEN.

Si vous allez si bien, passons à côté, j'ai un mot à vous dire.

SCÈNE III.

Une pièce voisine du cabinet d'Éraste.

ÉRASTE, GALIEN.

GALIEN.

Avez-vous reçu la visite d'un homme de la police, qui se dit sur la trace d'un des bronzes volés chez sir John pendant la Commune?

ÉRASTE.

Non.

GALIEN.

Cet homme m'a abordé hier dans la rue, et il m'a demandé votre adresse. Il viendra vous voir un de ces jours.

ÉRASTE.

Est-ce que c'est l'homme que nous avons vu le 20 mai, rue Drouot, et qui me donna avis de partir si je ne tenais pas à être fusillé?

GALIEN.

Cela pourrait bien être. Quoi qu'il en soit, attendez-

vous à sa visite, je suis monté pour vous en prévenir.
— Ah çà! nous dînons ce soir ensemble chez Lycon.
Pas de fausse excuse! On ne se mettra à table qu'à huit
heures, afin de vous laisser tout le temps de revenir de
la Chambre. Vous devez voir Polygnote tantôt?

ÈRASTE.

Oui, à une heure.

GALIEN.

Il vous rappellera votre promesse, si d'ici là vous
l'oubliiez. Il est des nôtres et il compte sur vous. Il vous
expliquera cela. Vous dictez toujours, bien que je vous
aie démontré cent fois que c'était une détestable habitude pour un orateur.

ÉRASTE.

Dicter, docteur, je m'en garderais bien!

GALIEN.

Euh! euh! et ce secrétaire (Montrant la porte du cabinet,)
qui écrit là des miracles; par où lui entrent-ils dans
l'esprit, s'il vous plaît, ces miracles, si ce n'est par
l'oreille?

ÉRASTE.

Un secrétaire, ce jeune homme que vous avez vu
dans mon cabinet? C'est un lecteur qui vient tous les
matins me relire les merveilles de l'histoire de nos rois
afin de me convertir à la légitimité!

GALIEN.

Oui-dà! les oreilles m'auront tinté de travers; j'aurais

juré en entrant que c'était vous qui parliez et lui qui écoutait.

ÉRASTE du ton d'un homme à qui il vient une idée subite.

Avez-vous cinq minutes à perdre, docteur? Rentrons. Vous allez voir comme mon secrétaire... mon lecteur veux-je dire, a la voix claire et persuasive.

Ils rentrent dans le cabinet.

SCÈNE IV.

Le cabinet d'Éraste.

ÉRASTE, GALIEN, LE COPISTE.

ÉRASTE.

Docteur, asseyez-vous... non pas là... ici dans ce fauteuil. (Au copiste en lui donnant un livre ouvert à une page marquée par un signet.) Monsieur ayez l'obligeance de nous lire cette page. (A Galien qui se penche pour voir le titre du livre.) Non, non, docteur; écoutez, mais ne regardez pas.

LE COPISTE, lisant.

« Ne dirait-on pas que l'amour de la patrie soit
« comme une plante étrangère dans les monarchies,
« qui ne croisse heureusement et qui ne fasse goûter
« ses fruits précieux que dans les républiques? Là
« chaque citoyen s'accoutume de bonne heure et pres-

« que en naissant à regarder la fortune de l'État comme
« sa fortune particulière. Cette égalité parfaite et cette
« espèce de fraternité civile qui ne fait de tous les
« citoyens que comme une seule famille, les intéresse
« tous également aux biens et aux maux de leur
« patrie. Le sort d'un vaisseau dont chacun croit tenir
« le gouvernail ne saurait être indifférent. L'amour de
« la patrie devient une espèce d'amour-propre. On
« s'aime véritablement en aimant la république et l'on
« parvient enfin à l'aimer plus que soi-même. Combien
« y en a-t-il qui vivent et qui meurent sans savoir s'il
« y a une patrie ! Déchargés du soin et privés de l'hon-
« neur du gouvernement, ils regardent la fortune de
« l'État comme un vaisseau qui flotte au gré de son
« maître et qui ne se conserve et ne périt que pour lui.
« Si la navigation est heureuse, nous dormons sur la
« foi du pilote qui nous conduit. Si quelque orage
« imprévu nous réveille, il n'excite en nous que des
« vœux impuissants ou des plaintes téméraires qui ne
« servent qu'à troubler celui qui tient le gouvernail,
« et quelquefois même, spectateurs oisifs du naufrage
« de la patrie, telle est notre légèreté que nous nous
« en consolons par le plaisir de médire des acteurs.
« Un trait de satire dont le sel nous pique par sa nou-
« veauté ou nous réjouit par sa malignité, nous console
« de tous les malheurs publics, et l'on dirait que nous
« cherchons plus à venger la patrie par notre critique
« qu'à la défendre par nos services. Quel étrange spec-
« tacle ! Un grand royaume et point de patrie, un
« peuple nombreux et presque plus de citoyens ! »

GALIEN, *qui a écouté attentivement.*

Eh bien !

ÉRASTE.

Eh bien ! docteur, de qui est ce morceau ?

GALIEN.

De qui? de qui?... J'aime mieux vous dire de quand...
1760... 1770... Allons ! 1780.

ÉRASTE.

Vous n'y êtes pas !

GALIEN.

Cet homme-là n'avait pas lu *le Contrat social ?*

ÉRASTE.

Non.

GALIEN.

Ni *l'Esprit des Lois ?*

ÉRASTE.

Non.

GALIEN.

Et il se nomme ?

ÉRASTE.

Le procureur général au Parlement de Paris d'Aguesseau, en sa mercuriale prononcée à la rentrée dudit
Parlement, le 11 novembre 1715, deux mois après la
mort de Louis XIV. (*Tendant le volume à Galien.*) Tenez !

GALIEN *regardant le volume.*

Il y a donc toujours eu des honnêtes gens en France !...
C'est égal, voilà un dangereux esprit et bien lui prend

d'être mort, car il serait infailliblement déporté à la prochaine restauration. (Se levant.) **A ce soir.**

Éraste le reconduit ; le bruit de leurs voix se perd dans une pièce voisine.

SCÈNE V

Le jardin du Palais-Royal. — Une heure de l'après-midi.

ÉRASTE, puis POLYGNOTE.

Éraste depuis quelques moments dans le jardin regarde s'il ne voit personne arriver. Polygnote débouchant par le passage de la galerie vitrée hâte le pas en l'apercevant et le rejoint.

POLYGNOTE.

Tu as failli attendre.

ÉRASTE.

Bah ! en république, il faut être bon prince. Et d'où viens-tu de ce côté quand je t'attendais au perron ?

POLYGNOTE.

Le mandat impératif retourné ! le représentant demandant des comptes au souverain !

ÉRASTE.

Tu as mal lu ton *Contrat social.* Sache que ta souveraineté électorale m'ayant fait prince, ce serait le monde renversé si tu avais la plaisante idée de te prendre pour un maire du palais et de me prendre, moi, pour un prince fainéant. As-tu compris?

POLYGNOTE.

Non.

ÉRASTE.

Tant pis pour toi. Je t'expliquerai mon explication un autre jour. Mais, dis-moi d'abord, d'où viens-tu?

POLYGNOTE.

Parbleu! je viens du Louvre où ..

ÉRASTE, ne lui laissant pas le temps d'achever.

Où tu as retrouvé, dans les greniers un portrait de Sénèque, authentique?...

POLYGNOTE.

Non, où j'ai rencontré...

ÉRASTE, l'interrompant encore.

Eh bien! et ton tableau, car c'est là la chose essentielle, où en est-il depuis que je ne l'ai vu. Il ne représente toujours que trois personnages, c'est bien entendu?

POLYGNOTE, cédant au tour nouveau que prend la conversation.

Bien entendu. Tous les trois debout : Néron au centre, Burrhus à sa gauche et Sénèque à sa droite; et on mettra sur le livret : César délibérant avec ses amis de la plus sûre manière de se débarrasser de sa mère.

ÉRASTE.

Ne touche plus à l'architecture du fond : elle est trouvée et excellente. Ton Burrhus est un peu trop de l'école de David, mais je crois qu'avec quelques retouches tu lui rendras le caractère antique. Néron viendra, ne t'en préoccupes pas. Tu l'as posé à merveille, sauf un geste final à indiquer par un mouvement de draperie. Mais c'est Sénèque qui m'inquiète. Où en est Sénèque? La pose n'était qu'esquissée la dernière fois que je t'ai vu; as-tu placé la tête enfin et quelle tête lui as-tu donnée?

POLYGNOTE.

Il n'y a qu'une image connue ou probable de Sénèque qui vaille vraiment la peine qu'on s'y arrête. C'est celle qu'a conservée le magnifique bronze d'Herculanum que tu as vu comme moi à Naples. J'en ai fait dans le temps une étude à la sanguine que je te montrerai. J'ai, en outre, les dessins de Laguiche d'après un bronze qui doit être quelque part au Louvre, je ne sais où, et que Denon avait fait mouler sur l'antique. C'est une tête de génie; qu'elle soit celle de Sénèque ou non, peu importe, c'est bien celle qu'il faut que je reproduise. Mais quel caractère et quelle attitude vais-je lui donner à ce type convenu et excellent dans la situation tragique où tu veux que je le pose?

ÉRASTE.

Le caractère de Sénèque? Eh bien ! mon cher, il est dans ses ouvrages ; lis-les.

POLYGNOTE.

Que je lise Sénèque ?

ÉRASTE.

Peux-tu t'entretenir autrement avec lui, puisqu'il est mort?

POLYGNOTE.

Je l'avais oublié. Dis donc, puisque tu as lu Sénèque, si tu me le récitais, ce serait autant de fait.

ÉRASTE.

Oh ! ces peintres; hors de l'atelier, quels paresseux ! Allons, écoute. Il pouvait avoir soixante ans environ au moment de cette scène. Trente ans auparavant, il avait été l'amant aimé de la plus jeune des sœurs d'Agrippine. De là, ce dernier effort, au péril même de sa vie, pour sauver l'impératrice. Burrhus a parlé, et inutilement, il écoute anxieux et triste. Néron est debout comme tu l'as placé. En outre, tu lui feras plisser légèrement avec le pouce et l'index de sa main droite un des pans de sa toge ; il indiquera ainsi l'impatience qui le gagne. Sénèque, penché vers lui, les yeux brillants, la figure longue, le corps maigre, le souffle d'un asthmatique, résume dans une dernière attitude et dans un dernier geste la supplique par laquelle il vient de demander la vie d'Agrippine. Est-ce clair?

POLYGNOTE.

Si la veille du jour où tu m'as suggéré l'idée de ce diabolique tableau, tu étais allé te jeter la tête la première du haut du cap Sunium dans la mer Égée, tu aurais épargné une croûte à la postérité.

ÉRASTE.

Ce n'est pas sûr.

POLYGNOTE.

Bien obligé! Mais que veux-tu que je fasse dire à Sénèque dans un moment pareil? Néron n'est plus alors le monstre naissant, c'est le César parfait. Récite-moi donc un peu pour voir la dernière phrase de cette supplique de Sénèque.

ÉRASTE, après avoir un moment rêvé.

« Épargnez-la; elle est moins à craindre vivante que morte. »

POLYGNOTE, réfléchissaut.

C'est un politique que ton Sénèque. Au fait, il ne peut dire que cela. J'essaierai de traduire ta phrase. Mais si tu te figures que c'est aisé!...

ÉRASTE.

Cherche, c'est ton affaire. Ces trois hommes, tiens, en ce moment je les vois... Ah! si j'étais peintre...

POLYGNOTE.

Si tu étais peintre, et si tu venais comme moi de promener dans le Louvre une heure et demie durant un chaudronnier retiré des affaires avec quatre millions et abusant de cette situation que je ne qualifierai pas, pour prendre des Fragonard pour des Titien, tu ne dirais plus : si j'étais peintre!...

ÉRASTE.

Quel chaudronnier?

POLYGNOTE.

Eh! parbleu, Philarque.

ÉRASTE.

Quel Philarque ?

POLYGNOTE.

Il n'y a pas deux Philarque, et tu ne connais que lui.
Tu l'as vu dix fois chez Lycon et tu l'y reverras ce soir
à dîner. Ce gros homme, qui a fait cette grosse fortune
dans la grosse chaudronnerie, et qui en est devenu
légitimiste d'impérialiste qu'il était ci-devant, le recon-
nais-tu ?

ÉRASTE.

Ah ! ah !

POLYGNOTE.

Cette opulence naquit il y a vingt ans, juste à l'é-
poque où Napoléon III, dans un de ces élans de désin-
téressement qui ne partent que du cœur des princes,
réunissait ses biens à ceux de la Couronne. Philarque
avait dès lors un neveu pour qui il a des entrailles de
père et qui est l'espoir de sa maison. Le neveu, qui a
passé la trentaine, a longtemps parcouru le monde,
entends le monde de Bade, de Monaco et autres lieux.
Il y a deux ans l'oncle Philarque lui dit : « Mon fils, il
est temps de reprendre les mœurs, la vertu et les traditions de nos ancêtres ; faisons un pèlerinage à Jéru-
salem. » Ils partirent, allèrent jusqu'à Rome, jugèrent
sagement qu'il était inutile de pousser plus loin, et
passèrent l'hiver dans la ville éternelle. Le révérend
Bertram, fin politique et excellent financier, qui se
trouvait justement là, dit à Philarque : — C'est pitié,
Monseigneur, qu'un homme de votre rang s'appelle
Philarque tout court. Avec les sentiments religieux
qu'a monsieur votre neveu, vous devriez le pourvoir

d'un titre de comte. Il y en a justement un de vacant, c'est celui de l'antique famille de Calderajo qui vient de s'éteindre. Moyennant dix mille écus, une misère, l'affaire est faite. — Les Philarque de temps immémorial ont eu des penchants nobles. L'oncle compta la somme, non pas en papier, mais en beaux *scudi* bien trébuchants et bien sonnants, et la tige séchée des comtes de Calderajo refleurit.

ÉRASTE.

Nous aurons aussi le comte à dîner ce soir?

POLYGNOTE.

Non, l'oncle seul; madame Lycon ne peut pas souffrir le neveu. Mais en revanche tu seras présenté aux deux belles dames à qui tu as procuré des billets d'entrée à la Chambre; elles s'y sont bien amusées.

ÉRASTE.

Qu'entendez-vous par ces paroles, monsieur Polygnote?

POLYGNOTE.

Aimerais-tu mieux que je te dise qu'elles s'y sont morfondues? La marquise est une grande dame dans la véritable acception du mot. Sa nièce, belle, fière, et même un peu hautaine,—mais cela ne lui messied pas, — aurait, ainsi que la marquise, figuré avec éclat dans ce qu'autrefois on appelait ce qu'il y a de mieux en France. Or Philarque, — suis bien mon raisonnement — Philarque confondant toujours Titien et Fragonard, a jeté les yeux sur la fière et belle Lucile et prétend mordicus la faire comtesse Calderajo. A la restauration, qui naturellement ne peut pas tarder beaucoup, le comte Calderajo sera secrétaire de légation pour le moins, et deux ou trois ans plus tard la comtesse sa femme sera ambassadrice.

ÉRASTE.

Eh bien! quel inconvénient vois-tu à cela? Les femmes excellent dans la diplomatie. Quand la comtesse Calderajo serait ambassadrice, où serait le mal? La République ne s'oppose pas à ce mariage.

POLYGNOTE, vivement.

Oui, mais madame Lycon s'y oppose, sir John le trouve détestable, Galien en hausse les épaules, Lycon lui-même, quelque faible qu'il ait, faible bien naturel chez un banquier, pour tous les humains qui ont l'art de changer le cuivre en or, Lycon a dit : Houh! houh! et enfin il ne faut pas que ce mariage se fasse!

ÉRASTE.

Ah! ah! Eh bien, Polygnote, la République ne s'oppose pas non plus à ce que ce mariage ne se fasse pas... Mais que me contes-tu là? et qu'est-ce que cela nous fait?

POLYGNOTE.

Puisque je te dis que madame Lycon ne veut pas entendre parler de ce mariage, et que d'ailleurs ni la marquise, ni sa nièce, n'ont encore dit oui, loin de là.

ÉRASTE, regardant fixement Polygnote.

Ah! madame Lycon ne veut pas entendre parler de

4

ce mariage... Quelle femme charmante, avec ses cinquante ans, ses grands yeux noirs, son sourire fin, sa taille de jeune fille et son agréable parler ! Eh bien ! et son portrait, où en est-il ?

POLYGNOTE.

Tu le verras au Salon avec celui de Sénèque.

ÉRASTE.

Ah ! madame Lycon ne veut pas que le comte Calderajo... Polygnote, veux-tu que je te dise la bonne aventure ?

POLYGNOTE.

Dis un peu.

ÉRASTE.

Tu as trente ans et tu es déjà un peintre connu. La gloire arrive, la fortune suivra... A quel parti ne peux-tu pas prétendre ? Polygnote, tu me fais l'effet d'un homme marié. Au mois d'avril au plus tard tout Paris ira faire la révérence à ta femme dans la sacristie de Saint-Thomas-d'Aquin, et neuf mois ensuite, jour pour jour, madame Polygnote te donnera un garçon dont je te demande la grâce d'être le parrain.

POLYGNOTE, se mettant à rire.

Ah ! ah ! ah ! Si c'est ainsi que vous devinez l'avenir dans la gauche, la République n'a pas beau jeu !

ÉRASTE.

Comment ! ce n'est pas parce qu'elle pense à toi que madame Lycon veut rompre ce mariage ?

POLYGNOTE.

Par Junon !... Non, pas par Junon : cette déesse avait dans ses attributions une surintendance matrimoniale suspecte... mais, tiens, par Vesta, divinité rassurante, vu son âge, son air maussade et son attachement féroce au célibat, je te donne ma parole d'honneur que je n'ai pas plus le désir que le pouvoir d'aller sur les brisées du comte Calderajo.

ÉRASTE.

Alors que me contes-tu depuis une heure, et à quoi rime tout ceci ?

POLYGNOTE.

A quoi cela rime ? Madame Lycon m'a dit hier de cette voix charmante que tu connais : Cher monsieur Polygnote, soyez donc assez bon pour voir demain votre ami Éraste avant dîner et pour lui dire quelles personnes il trouvera chez moi ; cela me fera plaisir. Là-dessus je t'ai écrit, tu es venu ; nous avons parlé de Sénèque, plus facile à lire, quoi que tu en dises, qu'à peindre ; du chaudronnier, de la République, de Néron, du comte Calderajo et de Vesta, le tout en une demi-heure, et tu demandes à quoi cela rime ?

ÉRASTE, regardant sa montre.

Deux heures. J'ai juste le temps de prendre le train. A ce soir.

POLYGNOTE.

A ce soir.

SCÈNE VI.

Chez Lycon. — La salle à manger. — Il est neuf heures du soir.

FABIA ; à sa droite, SIR JOHN ; à sa gauche, GALIEN ;
en face de sa femme, LYCON ; à sa gauche, LA MAR-
QUISE ; à sa droite, LUCILE ; à côté de Lucile,
ÉRASTE ; à côté de la Marquise, PHILARQUE ;
entre Galien et Éraste, POLYGNOTE.

LA MARQUISE.

En vérité, Sir John, à vous en croire, nous ne serions
tous que des revenants.

SIR JOHN, demi-sérieux.

Je crois, marquise, que nous ne faisons tous que
reprendre les uns après les autres d'anciens rôles qui
ont été joués déjà par d'autres acteurs un nombre infini
de fois. Ce que j'ai rencontré, depuis quelque quarante
ans et mieux que je me promène dans la vie les yeux
ouverts, de gens qui ont l'air d'avoir vécu déjà dans
d'autres siècles, est incalculable. A Londres, je heurte
tous les jours des gens qui ressemblent à s'y méprendre
à des contemporains de Ludlow, de Monmouth, des
Walpole ou des Pitt. Mon ami Éraste, j'en suis sûr,
rencontre de même quotidiennement à Paris des hommes du temps de la Ligue, de la Fronde, de la Révolution, du Consulat ou de l'Empire.

FABIA.

Et il y a longtemps que nous revenons ainsi dans le monde refaire et redire les mêmes choses de la même manière et dans les mêmes termes ?

SIR JOHN.

Depuis Sémiramis, chère dame.

GALIEN.

Il y a même des savants qui disent que Sémiramis n'était qu'une doublure, et que le rôle avait déjà été rempli quatre ou cinq mille ans auparavant par une personne qui y excellait. Sir John, je suis de votre avis, nous ne sommes que des effigies successives de caractères toujours les mêmes.

ÉRASTE.

Il me semble bien aussi que nous sommes tous en abrégé dans la Bruyère.

POLYGNOTE.

A moins que nous ne soyons déjà tout en vie dans Molière.

GALIEN.

Doucement ! n'introduisons pas indiscrètement Molière dans la conversation.

LUCILE, riant.

Ah ! ah ! le bon docteur...

GALIEN, gaiement et d'un ton paternel.

Oui, mademoiselle, il faut être prudent avec cet

homme-là. Des apothicaires aux philosophes, il a peint tout le monde. Je vous dirai même en confidence qu'il n'a pas oublié les femmes. Et sachez que **vous** aussi, vous figurez dans sa galerie. Vous vous y appelez Henriette.

PHILARQUE, avec un gros rire et l'intention marquée
d'être agréable.

Oh! oh! oh! Très-joli. (Regardant Lucile.) Et très-exact! Il avait énormément de talent, ce Molière!

POLYGNOTE.

Encore plus de talent que Fragonard!

PHILARQUE.

Hi! hi! hi! Ce diable de Polygnote! Il m'en veut depuis ce matin. Imaginez qu'il a voulu, au Louvre, me faire prendre pour des chefs-d'œuvre des toiles qui montrent la corde. Plaisanterie d'atelier; je connais ça. Mais Molière, c'est autre chose. Molière, voilà un homme!... Molière... enfin... Molière est Molière!

LYCON.

Eh bien, tout Molière qu'il est, il a oublié quelqu'un.

LA MARQUISE.

Montrez-nous-le bien vite cet oublié.

LYCON.

C'est Chrysanthe. Je l'ai rencontré hier, j'aurais voulu le pouvoir éviter. Un homme riche, et depuis longtemps, enfin un homme arrivé, s'en aller graisser pattes et marteaux pour avoir une fourniture! (Accentuant chaque syllabe.) C'est ré-vol-tant; qu'un meurt de faim se crotte l'échine, cela se conçoit, mais un homme arrivé! C'est ré-vol-tant. Je l'ai souvent dit, je le répète : Quand on a fait fortune, on ne doit plus travailler que pour acquérir de la réputation.

FABIA, plissant les lèvres et tout doucement.

Monsieur Lycon!...

LYCON.

Non, chère amie, il faut dire ces choses-là tout haut. On a de la moralité ou on n'en a pas. Tenez, demandez à Philarque ce qu'il pense du procédé.

PHILARQUE, du ton important.

Des hommes de notre sorte, qui font de ces sortes de choses, dérogent. Quand on est arrivé, on est arrivé.

LYCON.

Mais voilà le malheur : on tombe toujours du côté où l'on penche. *Trahit sua quemque voluptas.* N'est-ce pas, Polygnote?

POLYGNOTE.

C'est vrai : on est toujours trahi par sa belle, comme traduisait le chevalier mon grand oncle.

La marquise sourit d'un air indulgent. Fabia jette à Polygnote un regard courroucé qu'il évite en regardant à l'autre bout de la table.

SIR JOHN, riant.

Vous ne m'aviez jamais parlé du chevalier votre ancêtre, Polygnote. C'était un fort latiniste.

POLYGNOTE, imperturbable et évitant toujours
de regarder Fabia.

Il lisait Virgile à livre ouvert, comme toute notre maison d'ailleurs, de temps immémorial. J'ai chez moi son portrait en pied, sur cuivre, peint par Latour. Il faut que vous veniez le voir, Philarque. A gauche du personnage est notre arbre généalogique.

PHILARQUE.

Prenez garde. Le blason est mon fort.

POLYGNOTE, affectant un ton très-sérieux.

Je le sais bien, mais mon ancêtre était impitoyable sur les preuves, et nous ne craignons rien.

PHILARQUE, dupe du sérieux de Polygnote, d'un ton paterne.

Et jusqu'où remontez-vous !

POLYGNOTE, gravement.

En toute rigueur, les écussons originaires dans notre arbre devraient porter celui de droite le nom d'Adam, et celui de gauche le nom d'Ève. Mais le chevalier a fait émonder quantité de branches suspectes, et à dire vrai, nous ne remontons pas plus haut que Sémiramis.

On rit. Fabia se lève, et tous les personnages passent au salon.

SCÈNE VII.

Le salon de Lycon.

LES MÊMES PERSONNAGES.

Fabia, la Marquise et Lucile ont pris place sur
des fauteuils. Éraste et sir John sont debout
près d'elles. Lycon a emmené Galien à un bout
du salon et s'entretient avec lui. Philarque et
Polygnote se sont assis l'un près de l'autre, à un
angle de la cheminée.

Un domestique présente sur un plateau des tasses
de café. Chaque groupe de personnages échange,
pendant ce temps, quelques paroles indifférentes.
Le domestique sort.

LA MARQUISE, à Éraste.

Je n'ai pas encore trouvé l'occasion de vous remercier, monsieur, de votre bonne grâce et de vos billets.
La séance a été fort belle.

LUCILE, avant qu'Éraste ait eu le temps de répondre.

J'ai à joindre, monsieur, mes remercîments à ceux
de ma tante. Cette grande réunion d'hommes politiques
était bien touchante dans les malheureuses circonstances où nous sommes. Le banc des ministres surtout
a attiré nos yeux. Grâce à vous, nous avions ces
messieurs juste en face de nous. Tout le corps diploma-

tique les regardait. Leur air était un peu soucieux, mais ils avaient vraiment fière attitude.

ÉRASTE.

Ce sera un ministère historique, mademoiselle. Il est composé de personnes qui ont eu assez de caractère pour oublier chacune leur passé, si différent qu'il soit, afin de ne songer qu'au présent. Ces messieurs sont de véritables républicains, car ils aiment mieux la patrie qu'eux-mêmes.

LA MARQUISE, très-gracieuse.

Voilà un bel éloge de la République, monsieur. Fasse le ciel que ce noble accord soit durable!

PHILARQUE, se levant, s'approchant de la Marquise et se jetant
à travers la conversation.

Ah! madame la Marquise, vous venez de dire, — comme toujours, — le mot juste! Cela durera-t-il, voilà toute la question. (A Éraste.) Cher monsieur, voyons, vous qui, à la Chambre, avez vos entrées dans les coulisses, en conscience, cela durera-t-il?

ÉRASTE, avec une nuance d'impatience.

Et pourquoi voulez-vous, monsieur, que *cela* ne dure pas? (Souriant.) Auriez-vous le projet de faire une émeute ou une révolution?

PHILARQUE.

Pour ça non! Mais, voyez-vous, à nous autres Français, il nous faut un roi, quand ce ne serait qu'un petit bout de roi, un roi pas plus grand que ça, un roi qui fasse aller les affaires, un roi enfin ! Je m'en rapporte à votre ami sir John. Là, sir John, la main sur la conscience, qu'est-ce qu'il y a de plus commode qu'un roi ?

SIR JOHN, avec un grand flegme.

Notre opinion, en Angleterre, est que le mieux est d'avoir le moins de royauté que possible. La perfection, évidemment, est de n'en avoir pas du tout, mais c'est la perfection.

PHILARQUE.

Voilà ! je le disais bien, c'est la perfection et la perfection...

ÉRASTE, demi-sérieux.

Prétendez-vous, monsieur, qu'il soit défendu d'y aspirer, et voudriez-vous ressembler à ce roi du Pégu qui pensa mourir de rire en apprenant que les Vénitiens n'avaient pas de roi ?

LA MARQUISE, toujours bienveillante, mais avec une imperceptible nuance d'ironie.

Serions-nous à Venise ?

ÉRASTE.

Non, je l'avoue, mais nous sommes en démocratie, et...

GALIEN, revenu du bout du salon, et intervenant brusquemen dans l'entretien, avec l'intention évidente de le rompre.

Et il faut subir ce qu'on ne peut empêcher.

ÉRASTE, sentant bien l'invite de Galien; mais n'y répondant pas.

Permettez-moi, docteur, une correction au proverbe:

La sagesse des nations eût été plus avisée si elle eût dit : Il faut se servir de ce qu'on ne peut empêcher. (A Philarque.) Monsieur, nous sommes aujourd'hui le 10 décembre. Il y a vingt-trois ans, le 10 décembre 1848, vous étiez sans doute en France?

PHILARQUE.

Assurément.

ÉRASTE.

Permettez-moi une question. Pour qui alors avez-vous voté?

PHILARQUE.

Pour qui? Pour Louis-Napoléon, hélas! et même (Naïvement.) je me rappelle que nous étions tous le samedi dans l'anxiété de savoir s'il ferait beau le dimanche, afin que les campagnes pussent aller au chef-lieu voter en masse, bannière et curé en tête, sans pluie, ni neige, ni vent, ni boue. (Se croisant les bras, et tragique autant qu'il peut l'être.) Quelle trahison !

ÉRASTE, de très-grand sang-froid.

Vous lui auriez donné votre bourse.

PHILARQUE, vivement.

Non ! (Se ravisant.) Mais je lui avais donné ma confiance ! Tenez, cher représentant, je veux vous ouvrir mon cœur. (Le masque du personnage prend ici l'air d'un paysan finaud.) J'ai été à Rome, vous le savez peut-être, lorsqu'il s'agit pour mon neveu de rentrer dans la succession, non pas des biens, il n'en restait plus rien, mais du nom des Calderajo dei Calderaj nos auteurs. Je rencontrai là un homme du plus haut mérite, le révérend...

POLYGNOTE, qui s'est rapproché.

Bertram !

Sourire imperceptible de la Marquise et de Lucile.
Fabia menace du regard Polygnote.

PHILARQUE, impatienté.

Non pas Bertram... Il estropie toujours ce nom... Bertamo, le révérend Bertamo. Il nous rendit quelques services dans la recherche de nos titres. Moi, cela m'est égal, je suis de 89 ; mais pour Amédée mon neveu, cela était intéressant, et je n'avais pas le droit de sacrifier les droits d'Amédée. Un jour que nous causions des affaires du temps, le révérend me dit : Monsieur Philarque, le meilleur gouvernement... Écoutez cela, je vous prie... le meilleur gouvernement est celui qui fait aller la religion et le commerce. La République fait-elle aller la religion et le commerce? Bénie soit la République ! Voilà ce que me disait en 1850 le révérend Bertamo, un homme très-fort, je vous le donne pour tel.

ÉRASTE.

J'ai, moi aussi, vécu à Rome. Je sais par expérience qu'on y a infiniment d'esprit. Mais pardonnez-moi, je ne comprends pas ce que le révérend Bertamo pouvait avoir à reprocher à la République.

PHILARQUE, d'un ton insidieux, regardant la Marquise.

Je vais tout vous dire : le révérend était d'avis qu'il

n'y a pas de compromis possible entre la Révolution et
l'Église, et alors...

ÉRASTE, voyant parfaitement le jeu de Philarque, le méprisant,
et d'un ton quelque peu hautain.

Le révérend Bertamo, monsieur, permettez-moi de
vous le dire, quand il vous parlait ainsi, ne témoignait
d'une parfaite intelligence ni du génie de l'Église, ni du
génie de la Révolution.

PHILARQUE, d'un ton hypocrite.

Quoi! des scélératesses, des impiétés...

ÉRASTE, s'animant et avec autorité.

La Révolution, monsieur, est une œuvre divine...
(Mouvement de la Marquise. Lucile baisse les yeux. Éraste s'en aperçoit et passe outre.) L'homme qui a dit, avant que votre
révérend vous l'ait *insinué*, qu'elle était une œuvre
satanique, était un rhéteur qui avait l'esprit faux. La
Révolution a rétabli dans la société l'ordre naturel, et
l'ordre naturel n'est autre que l'ordre divin. Dieu a fait
l'homme libre ; sa liberté lui avait été ravie sous l'ancienne monarchie. La Révolution la lui a rendue. La
Révolution, en faisant cela, a marché dans les voies de
Dieu.

LA MARQUISE, d'un ton très-sérieux.

Vous exprimez avec chaleur, monsieur, des idées
très-élevées. (Regardant Éraste fixement.) Croyez-vous pourtant qu'il puisse y avoir place dans une même âme pour
le dévouement à la Révolution et pour l'attachement à
la religion ?

ÉRASTE, adoucissant sa voix, mais d'un ton toujours très-ferme.

Je le crois, madame.

LUCILE, levant sur lui de très-beaux yeux interrogateurs et étonnés
et du ton d'une personne à qui ses paroles échappent.

En vérité, monsieur ! cela est-il possible ?

ÉRASTE, d'un ton de plus en plus doux, mais toujours sans
hésiter.

Mademoiselle, les dernières personnes devant lesquelles je pourrais me hasarder à soutenir un paradoxe sont madame votre tante et vous. (Regardant Lucile avec un respect ému qui n'échappe pas à la Marquise.) Je pourrais vous citer, je ne dirai pas tel grand républicain, mais même tel grand révolutionnaire qui a été dans le plus beau sens du terme une âme religieuse.

PHILARQUE, lourdement.

Robespierre ?

ÉRASTE, sèchement.

Non, monsieur. (Lui tournant légèrement le dos et s'adressant à Fabia, à la Marquise et à Lucile.) Le révolutionnaire dont je veux parler ne s'appelait pas Robespierre, il s'appelait Milton. Certes, l'âme de Milton a rendu de célestes accords, et pourtant, avant de chanter le *Paradis perdu*, il avait été secrétaire d'État de Cromwell.

LA MARQUISE, gracieuse, mais avec une nuance marquée de
réserve.

Il est vrai, monsieur, mais avouez que la république de Milton, si elle se réalisait, ressemblerait un peu au *Paradis retrouvé*.

ÉRASTE.

Ne sommes-nous pas ici-bas pour chercher à y rentrer ?

LUCILE, d'un ton très-net.

Avec la certitude de n'y pas réussir en ce monde.

ÉRASTE.

Assurément, mademoiselle. C'était aussi l'avis de Milton. Me permettez-vous de rappeler, à ce sujet, une anecdote ?

LUCILE.

Laquelle, monsieur ?

ÉRASTE.

Quand les Stuarts revinrent, rappelés par la faiblesse publique, Milton un moment put rentrer aux affaires ; sa femme l'en suppliait. « Madame, lui répondit-il, vous voulez aller à la cour, et moi je veux rester honnête homme. »

SIR JOHN, demi-sérieux.

This was a man (1).

PHILARQUE, à qui la conversation passe par dessus la tête,
s'obstinant à y rentrer.

Et je soutiens, moi, qu'on ne fera jamais de nous des Miltons ! (A Éraste.) Sérieusement, monsieur, parviendrez-vous à nous faire accroire que nous sommes des républicains ?

---

(1) Réminiscence de Shakespeare, dernière scène de *Jules César*.

ÉRASTE, hautain.

Nous avons bien fini par vous faire accroire que la terre tourne.

PHILARQUE.

Ça n'est pas la même chose, permettez-moi de vous le dire. Le peuple français est royaliste, tout ce qu'il y a de plus royaliste, et vous n'arriverez jamais à lui faire comprendre ce que c'est qu'une république. Vous essayez cela depuis quatre-vingts ans, à quoi avez-vous abouti?

POLYGNOTE.

Bah! tant va la cruche à l'eau... (On rit.)

> La Marquise et Lucile se lèvent. Les hommes les saluent. Lycon et Fabia les reconduisent jusque dans un salon d'entrée.

SCÈNE VIII.

Le salon d'entrée.

LA MARQUISE, LUCILE, FABIA, LYCON.

> Lycon sonne. Un domestique paraît. Sur un signe de Lycon, le domestique va prévenir les gens de la Marquise. La Marquise attire Fabia dans l'embrasure d'une fenêtre. Lycon et Lucile se tiennent à l'écart.

LA MARQUISE, à Fabia à demi-voix.

C'est bien l'homme que l'on m'avait dépeint : loyal,

hardi, l'esprit élevé, mais chimérique. (Regardant du côté du salon d'où elle sort.) C'est dommage !

FABIA, d'une voix caressante.

Est-il vraiment aussi chimérique que quelques paroles... de trop pourraient donner à l'entendre ?

LA MARQUISE, hochant la tête.

Oh ! oh ! c'est sa nature qui a parlé tout à l'heure ; une belle nature, je n'en disconviens pas. S'il s'était contraint, d'ailleurs, ou s'il l'avait dissimulé, je l'en estimerais point. Mais, chère Fabia, il y a loin, bien loin de notre vieille église à la municipalité toute neuve de votre ami.

FABIA.

Il n'y a peut-être pas aussi loin de sa municipalité à notre église.

LA MARQUISE.

Comme vous le défendez ! (Souriant.) Écoutez-moi. Nous avons bien entendu dire toutes les deux que c'était fête dans le ciel quand un pécheur se convertissait, mais je ne me rappelle pas qu'on m'ait jamais dit que la fête eût lieu avant la conversion...

Pendant ce dialogue, Lycon a échangé à demi-voix
aussi quelques paroles avec Lucile.

LYCON, d'un ton presque paternel.

Mais, chère demoiselle, il faut entendre raison, et on ne peut pas pourtant vivre comme à la Trappe... Qui empêche madame votre tante de vous conduire à l'Opéra... Tous les mercredis nous y sommes... Voulez-vous nous laisser toujours seuls ?

LUCILE.

Il est si triste de se divertir cet hiver, et puis ma tante monte avec peine le moindre escalier.

LYCON.

Bah ! bah ! l'escalier de l'Opéra est facile, et il n'est pas si haut que l'arbre de Polygnote.

LUCILE, riant.

Oh non !

UN DOMESTIQUE, entrant.

La voiture de madame la Marquise est avancée !

La marquise et Lucile sortent.

SCÈNE IX.

Le salon.

SIR JOHN, PHILARQUE, POLYGNOTE, ÉRASTE, GALIEN, FABIA, LYCON.

FABIA, rentrant, à sir John qui s'avance vers elle.

Verrez-vous la Marquise bientôt, sir John ?

SIR JOHN.

Demain. (Bas, du ton d'un homme contrarié.) La partie est perdue?

FABIA, bas de même.

Compromise.

SIR JOHN, regardant Philarque du coin de l'œil.

Pendant que vous êtes en France à expédier force gens outre-mer, ne pourriez-vous pas envoyer ce gros monsieur au Pégu ?

FABIA.

Je ne m'y oppose pas. Arrangez cela avec le gouvernement, vous qui le voyez quand vous voulez. (Sir John la salue et sort. — (A Philarque qui s'est approché un peu indiscrètement pendant qu'elle prononce ces derniers mots.) Eh ! vous vous en allez aussi, monsieur ? déjà...

PHILARQUE, surpris.

Oui, je...

FABIA.

Je vois cela. Vous emmenez Polygnote à votre cercle.

PHILARQUE.

Oui, oui, et...

FABIA.

Au moins chapitrez-le en chemin, il mérite toujours de l'être, mais il le mérite deux fois ce soir.

PHILARQUE.

Soyez tranquille.

POLYGNOTE, saluant Fabia.

Partons pour le chapitre...J'y ai justement,Philarque, un ancêtre du côté oblique qui est cousin de votre révérend.

PHILARQUE, avec un gros rire.

Oh ! oh ! oh ! diable de Polygnote !

Fabia menace en riant Polygnote du doigt. Il sort
avec Philarque.

ÉRASTE quitte Galien avec lequel il s'est entretenu pendant ce temps,
s'approche de Fabia, et d'un ton un peu contraint.

Vous auriez sauvé les anges rebelles eux-mêmes,
madame, si la grâce et la bonté avaient pu opérer leur
salut !

FABIA, du même ton.

C'est qu'aussi ces révoltés sont si superbes et ont un
langage si... si franc... (Se reprenant vivement.) C'est un
beau défaut que la franchise. Il sera toujours le bien
reçu ici, monsieur. Ne soyez plus si rare.

Il salue et sort.

SCÈNE X.

Le salon.

FABIA, LYCON, GALIEN (restés seuls).

Ils s'asseyent en cercle devant la cheminée.

GALIEN.

Voilà, ou je me trompe, ce qui s'appelle un mariage
manqué.

FABIA.

J'en ai peur.

LYCON.

Aussi pourquoi un homme de son esprit s'en va-t-il dire de but en blanc que la Révolution est l'œuvre de Dieu à une femme convaincue que c'est l'œuvre du diable. Moi j'aurais dit que c'était l'œuvre... (Il cherche.)

GALIEN.

Des deux.

LYCON.

Des deux... Ou plutôt j'aurais parlé d'autre chose. Et cet écervelé de Polygnote l'avez-vous entendu avec sa généalogie et sa cruche?...

GALIEN.

Ma foi, c'est dommage. Elle est charmante cette jeune personne. Quel âge a-t-elle donc?

FABIA.

Vingt-cinq ans.

GALIEN.

Elle en paraît vingt-deux, et elle est faite pour tourner toutes les têtes. Elle ne veut donc pas se marier?

FABIA.

Elle a refusé déjà cinq ou six partis entre lesquels j'en connais deux au moins très-honorables.

LYCON.

Quel âge au juste a Éraste?

GALIEN.

Trente-deux ans.

LYCON.

Il serait temps qu'ils se décidassent tous les deux. Cela ferait un beau couple. (A Fabia.) Croyez-vous que Éraste l'ait trouvée à son goût ?

FABIA.

Il serait difficile s'il ne l'avait trouvée ainsi. Mais là n'est pas l'obstacle.

LYCON.

Bon ! le croyez-vous déjà en train de devenir amoureux ?

FABIA.

Cela est fait.

LYCON.

Les femmes ont pour acquérir la certitude de ces sortes de choses des yeux qui sont refusés à l'autre moitié du genre humain.

GALIEN.

Et mademoiselle Lucile, lui avons-nous irrévocablement déplu ?

FABIA.

Oh ! la personne est aussi fermée que si elle gardait clôture. J'apprendrai peut-être plus tard ce qui en est, mais jusqu'à présent je ne sais.

LYCON.

Il est évident que pour obtenir la nièce il faudra convertir la tante. Cela n'est pas l'air aisé.

FABIA.

Si la Marquise pouvait envoyer Éraste faire une retraite de quelques mois chez quelques bons religieux, soyez sûrs qu'elle le ferait de la meilleure grâce et du plus grand air du monde.

GALIEN.

Nous n'avons pas dessein d'entrer en religion.

FABIA.

On vous en croit et on vous en sait gré, car vous feriez de médiocres religieux. Mais si la libre pensée a ses droits que nous respectons, elle a bien aussi à l'occasion ses petits inconvénients qu'il n'est pas aisé d'éviter.

GALIEN.

Alors qu'elle épouse Amedeo Calderajo dei Calderaj.

FABIA.

Non, Amedeo ne sera pas notre mari, soyez tranquille, quelques efforts que tente Philarque.

GALIEN.

A-t-il assez finassé ce soir pour arriver à son but!

LYCON.

Je ne comprends pas qu'Éraste ait donné dans ses filets.

FABIA.

Il l'a fait avec préméditation, soyez-en certain. La marquise n'en a pas été dupe. Il n'a dit que ce qu'il a voulu dire, y compris l'anecdote un peu verte de la femme de Milton.

GALIEN.

Anecdote qui a fait faire une si longue mine à sir John ?

FABIA.

C'est que sir John désire ce mariage pour Lucile autant que pour Éraste, et à mon sens il a bien raison.

GALIEN.

Nous ne sommes pas encore dans la sacristie de Saint-Thomas-d'Aquin, Lycon ! et ce mariage-ci ressemble fort à celui du grand turc et de la république de Venise.

LYCON.

Ah ! si Scribe était encore de ce monde, en moins d'un quart d'heure nous y serions dans la sacristie de Saint-Thomas-d'Aquin. Comme il chiffonnait agréablement cela. Hein ! Galien, vous rappelez-vous *la Demoiselle à marier* avec son omelette soufflée et sa robe blanche ? Ça se brouille, ça se débrouille, et les voilà mariés.

GALIEN.

Ce qu'il a fait de plus fort a été de marier la princesse de Sicile avec Robert le Diable.

FABIA.

Robert le Diable fils !

LYCON.

Il tenait terriblement du père... (Il chantonne.) Le vin, le vin, le vin, le jeu, les...

FABIA.

Vous avez la mémoire bien longue, mon ami... Voyons, voulez-vous me promettre tous les deux de ne pas vous mêler désormais de ce mariage.

GALIEN et LYCON ensemble.

Nous le jurons!

FABIA à Galien.

Vous, de n'en plus dire mot à Éraste?

GALIEN.

Je le promets.

FABIA à Lycon.

Et vous de ne rien donner à entendre à Philarque?

LYCON.

C'est convenu.

FABIA.

A présent, je vous avertis charitablement qu'il est minuit et demi.

GALIEN, se levant.

Déjà! comme vous faites passer les heures et...

LYCON.

Il fait la cour à ma femme! et depuis quand, s'il vous plaît, Galien, ce manége dure-t-il?

GALIEN.

Depuis Sémiramis.

LYCON.

Voilà une mode tenace.

FABIA à Galien.

Bonsoir, docteur.

GALIEN.

Bonsoir.

SCÈNE XI.

Chez Éraste. — Une heure du matin.

ÉRASTE, AUGUSTE.

ÉRASTE, rentrant.

(Maussade, d'un ton bref.) Vous êtes encore debout, Auguste ? Je vous répète que je ne veux pas qu'on m'attende.

AUGUSTE, d'un ton aussi tranquille que s'il n'avait rien vu ni entendu.

Oui, monsieur. Monsieur, voici les journaux, les bulletins de la Chambre, et un gros rapport de la commission.

ÉRASTE, du ton de l'impatience.

C'est bien, c'est bien.

AUGUSTE, toujours tranquille.

Et puis il est venu cette dame veuve pour sa pétition, elle reviendra demain. Et puis il est venu un homme de la Préfecture dire qu'on était décidément sur la trace du petit bronze qui ne se retrouvait pas.

(Éraste l'écoute à peine.) Monsieur se rappelle... (Du ton d'un homme qui recommence une histoire.) quand nous avons été renvoyés de Paris...

ÉRASTE.

(Brusquement.) C'est bien, c'est très-bien! en voilà assez! (Se calmant, plus doux.) Allons, bonsoir, Auguste, à demain.

AUGUSTE, s'en allant à pas comptés et à part.

Le temps est à l'orage. Il y aura eu quelque chose à Versailles... Les drôles de gens! Ils veulent conduire la voiture et ils ne veulent pas monter sur le siége!

FIN DE L'ACTE PREMIER.

ACTE DEUXIÈME

La scène est à Paris, le 10 janvier 1872.

SCÈNE I.

L'atelier de Polygnote. — Deux heures de l'après-midi.

Des études, des masques, des plâtres, des trophées, des armes ornent les murs.

Au milieu de l'atelier, une toile verte cache un cadre de grande dimension.

Polygnote travaille à son tableau de Néron, Burrhus et Sénèque.

Le bruit d'une voiture entrant et tournant dans la cour se fait entendre.

Il se lève avec un mouvement d'impatience et va regarder à une fenêtre, d'où il aperçoit un coupé à deux chevaux qui piaffent sur le pavé. Un domestique galonné offre la main à une dame qui descend de la voiture.

Il revient précipitamment vers la porte de son atelier et il appelle :

Pietro !

PIETRO, petit domestique d'une douzaine d'années,
arrivant en courant.

Monsieur, c'est une voiture, mais je vais dire que vous n'y êtes pas !

POLYGNOTE.

Au contraire, descends vite dire à la concierge que j'y

suis, et accompagne dans l'escalier la personne qui arrive.

> Pietro sort. Polygnote, à la hâte, met de l'ordre autour de son tableau, rattache à peu près une cravate imparfaitement nouée, et va sur son palier recevoir la personne qui monte.

SCÈNE II.

POLYGNOTE, FABIA.

FABIA, entrant.

Ouf!

POLYGNOTE, avançant un fauteuil et faisant asseoir Fabia avec empressement et respect.

C'est un peu haut, mais l'avantage du logis est que personne ne demeure au-dessus, excepté le soleil, excellent voisin, quand il luit.

FABIA.

Comme aujourd'hui..... Je n'avais jamais vu votre atelier si bien éclairé.....

POLYGNOTE.

Excellente occasion, madame, pour me donner, si vous le voulez bien, quelques minutes de séance... (Geste de dénégation de Fabia.) quelques minutes seulement.

FABIA.

Je ne viens pas pour cela, nous avons le temps. Je

viens vous demander un renseignement qu'il me faut absolument avant ce soir, et..... (Tout en parlant, ses yeux se sont arrêtés sur le tableau représentant Néron, Burrhus et Sénèque, juste en face duquel elle se trouve assise.) Ah! voilà le portrait rival du mien... le portrait de Sénèque. (Elle se lève et se plaçant de manière à bien voir le tableau.) Qui est Sénèque, monsieur Polygnote, le personnage de droite ou celui de gauche?

POLYGNOTE.

Celui qui est à la droite de Néron, madame.

FABIA, après avoir regardé avec attention pendant quelques
instants.

C'est un beau groupe, et hardiment posé... La lumière joue entre les têtes avec un grand bonheur... L'étrange figure que celle de Néron... il vit vraiment... mais dites-moi donc, il a dans le bas du visage... je ne me trompe pas... C'est le menton des Bonaparte... et même...

POLYGNOTE.

Vous trouvez, n'est-ce pas, madame, que les Bonaparte ont avec Néron un grand air de famille?

FABIA.

Je ne dis pas cela. Je dis que vous avez donné à Néron un air de famille très-accusé avec les Bonaparte, et cela me paraît un trait bien satirique dans une œuvre aussi sérieuse.

POLYGNOTE.

Détrompez-vous, je vous prie, je n'ai pas ajouté un trait à la nature.

FABIA.

Néron est donc revenu de l'autre monde poser devant vous?

POLYGNOTE, ouvrant un carton et mettant des estampes sous les yeux de Fabia.

Regardez, madame... (Tandis que Fabia regarde avec étonnement.) Voici le Néron Citharède du Vatican, le plus beau connu... voici celui de la villa Borghèse... et voici ceux du Louvre... Celui-là surtout, qui représente Néron jeune, est-il assez parlant!

FABIA.

C'est singulier! Oui, il y a quelque ressemblance... les traits sont beaux, la physionomie est atroce...

POLYGNOTE.

Tous les Césars ont été frappés par la nature d'après ce type, je dis les Césars de tous les temps et de tous les pays, des Asiatiques aux Grecs et des Italiens aux Allemands. Ils tiennent tous d'Apollon du Belvédère et de Marat. Ils aiment passionnément la musique *et cætera*, et ils incendient Rome, ou Saint-Cloud quand ils n'ont pas Rome sous la main. Comme cela donne envie de se faire royaliste!

FABIA.

Vous voilà dans l'excès! Ne peut-on trouver un honnête homme capable de faire le métier de roi?

POLYGNOTE.

Il cesserait donc d'être honnête homme.

FABIA.

Ou un roi déterminé à être honnête homme ?

POLYGNOTE.

Il cesserait donc d'être roi.

FABIA, riant.

On ne vous prendra jamais sans vert ! (Redevenant sérieuse et sur le ton de la gronderie.) Voyons, cher monsieur Polygnote, tout cela est bon pour le discours. Mais prenez garde. M. Lycon, comme moi, est frappé de l'apreté que vous portez dans vos causeries politiques. Votre inflexible ami Éraste et vous, vous tournez à la barre de fer, je vous en avertis, et... (Tout en parlant, elle s'est animée et elle a pris naturellement une attitude gracieuse et vive qu'a observée Polygnote ; soudain il tire la toile verte qui cachait le cadre placé au milieu de son atelier, et le portrait en pied et de grandeur naturelle de Fabia apparaît. Fabia surprise.) Que faites-vous donc ? (Souriant.) Ah ! vous aimez mieux, je vois, me regarder en peinture qu'en face... (Examinant son portait avec quelque satisfaction.) Eh bien, il est fini et vous ne me parlerez plus de séance, j'espère...

POLYGNOTE.

Je vous demande en grâce cinq minutes seulement... cinq minutes dans la pose que vous aviez tout à l'heure en nous vouant, Éraste et moi, aux Dieux infernaux.

FABIA, riant.

Allons, je le veux bien.

Elle se place. En quelques instants, avec une rare prestesse de pinceau, Polygnote fait quelques retouches, puis :

Madame, c'est fait.

FABIA, jetant un coup d'œil sur le portrait, satisfaite
et badinant.

N'y touchez plus, ne touchez pas au menton surtout, crainte de céder à la tentation de me donner celui de Néron...*(S'asseyant et changeant de ton.) Mais ce n'est rien de tout cela qui m'amène. Qu'est-ce donc, s'il vous plaît, qu'un certain petit bronze antique appartenant à la marquise, volé ou perdu pendant les horreurs de la Commune, et que votre ami Éraste aurait miraculeusement retrouvé?

POLYGNOTE.

C'est toute une histoire, madame. Vous vous rappelez peut-être que sir John avait prié Éraste de lui faire expédier, s'il le pouvait, afin de les soustraire au pillage, quelques objets précieux qu'il avait eu soin de faire mettre dans des caisses avant son départ de Paris. Le 19 mai, à la veille de la catastrophe suprême, Éraste arriva, je ne sais comment, à faire sortir ces caisses de Paris, excepté une, qui ne se retrouva pas. Le lendemain, Paris n'était plus tenable, et Éraste, qui était parvenu jusque-là à y entrer et à en sortir incognito, courait danger de mort, s'il y restait un jour de plus, car il avait été signalé à la Commune. Averti à temps, il parvint à rentrer à Versailles. Sir John nous a dit depuis qu'il faisait bon marché, quant à lui, de la caisse volée, mais qu'il regrettait un petit bronze antique, appartenant à la marquise, et qu'à la prière de celle-ci il avait, avant son départ de Paris, fait mettre précisément dans la caisse disparue. Éraste avait fait faire jusqu'ici sans succès toutes les recherches imaginables, lorsque avant-hier, un homme de la police, qui lui a quelque obligation, est venu triomphalement lui rapporter le bronze.

FABIA.

La marquise ne m'avait jamais parlé de la perte de cette statuette; est-elle vraiment antique?

POLYGNOTE.

Incontestablement.

FABIA.

Et de mérite?

POLYGNOTE.

Du plus grand prix. C'est une figure debout, la tête ceinte d'un diadème; de la main gauche, elle relève le pan de sa tunique, dans la main droite elle tient une fleur.

FABIA.

Et que représente-t-elle?

POLYGNOTE.

L'Espérance.

FABIA.

La marquise est-elle déjà rentrée en possession de ce joyau?

POLYGNOTE.

Elle l'aurait déjà depuis hier si sir John, qui l'a parfaitement reconnu chez Éraste comme appartenant à la marquise, avait voulu s'en charger, mais il a mieux aimé qu'Éraste l'envoyât directement de chez lui avec quelques lignes expliquant l'aventure. Cet envoi a dû avoir lieu ce matin... Éraste a un vieux domestique qui était depuis longues années chez sa mère, et qui est tout à fait un homme de confiance. C'est lui qui a dû reporter ce bronze. Je m'étonne, madame, que sir John ne vous ait pas informé de cela.

FABIA.

Il est venu hier pour m'en parler; nous étions sortis et il n'a laissé chez moi qu'un billet énigmatique, m'annonçant qu'on avait retrouvé ce bronze que je ne savais pas perdu. Que je regrette d'avoir manqué sa visite...

On entend une voiture entrer et tourner dans la cour.

POLYGNOTE à la fenêtre et regardant.

C'est justement sir John, madame.

PIETRO, paraissant.

Monsieur, c'est sir John qui descend de voiture. Je vais dire que vous y êtes.

POLYGNOTE.

Va!

Pietro sort.

SCÈNE III.

POLYGNOTE, FABIA, SIR JOHN.

SIR JOHN. (Il tend la main à Polygnote et saluant Fabia.)

Je viens de chez vous, madame, et M. Lycon

m'a dit que je vous trouverais ici. Je n'ai pu hier vous écrire qu'un billet bien laconique et je vous en apporte l'explication.

FABIA.

J'ai été fâchée hier de manquer votre visite, et je suis fâchée aujourd'hui de la peine que vous prenez de venir jusqu'ici. Mais (Badinant.) quand on remet avec tant de mystère des notes si énigmatiques, il faut bien enfin arriver à explication.

SIR JOHN, du même ton et tirant avec une affectation de solennité un portefeuille de sa poche.

Aussi, madame, ai-je à vous communiquer une dépêche amplificative et confidentielle dont la lecture, j'espère, m'excusera en m'expliquant. (Il tend à Fabia une lettre enfermée dans une grande enveloppe.)

FABIA prend la lettre, ouvre précipitamment l'enveloppe et parcourant des yeux le contenu.

Oh ! l'explication est longue... (Allant à la signature... ah !...fort bien... (Remettant la lettre dans l'enveloppe.) Et vous me laissez cette lettre ?

SIR JOHN.

Je crois qu'après l'avoir lue, vous seule, madame, pourrez décider de cela, mais seulement après l'avoir lue.

POLYGNOTE à Fabia.

Voulez-vous, madame, passer un moment dans mon salon d'attente. (Il écarte un rideau et montre une petite pièce où Fabia le suit. Il rentre et ferme le rideau.)

6

SCÈNE IV.

POLYGNOTE, SIR JOHN.

SIR JOHN, regardant le portrait de Fabia.

Ah!... on ne s'y trompera pas, Polygnote, et tous ceux qui la connaissent diront : Voilà madame Lycon! sérieuse, bienveillante, un peu grondeuse, naturelle, charmante ; ma foi, c'est bien elle ! (Se retournant et apercevant le tableau de Néron, Burrhus et Sénèque.) Et voilà ce scélérat ! (Regardant avec attention.) Il est très-vivant et très-historique. Il vous fera honneur, mon cher. Mais dans quelle posture avez-vous donc mis Sénèque? Est-ce qu'il remet un placet?

POLYGNOTE.

Non. Il achève de plaider les circonstances atténuantes en faveur d'Agrippine.

SIR JOHN, après un moment d'examen.

La tête est belle et les yeux parlent. Mais, mon cher, il n'est pas possible que la scène se soit passée ainsi. Vous tenez donc bien à sauver Agrippine?

POLYGNOTE.

Moi! pas du tout. Césarine vaut César.

SIR JOHN.

C'est mon avis. Alors, puisque vous ne voulez pas

à toute force sauver Agrippine, je ne vois pas pourquoi Néron, faisant le geste très-césarien que vous lui avez prêté, Sénèque continue à pérorer. Retenez bien ceci : tant qu'un roi n'en est pas réduit à dire, comme Richard II à la canaille scélérate ou stupide qui l'a servi dans sa fortune et qui l'abandonne dans ses revers : *Cover your heads*, il ne supporte pas qu'on lui donne un avis qu'il ne demande pas.

POLYGNOTE.

Indeed Sir.

SIR JOHN, riant.

Polygnote, vous ne prononcerez jamais correctement un mot d'anglais, pas même *indeed*. Mais vous comprenez fort bien l'anglais. Écoutez-moi donc. Quand vous fréquentiez à Londres le théâtre de *Drury Lane*, où j'ai eu l'esprit de faire votre connaissance, avez-vous jamais vu jouer *Richard II?*

POLYGNOTE.

Non.

SIR JOHN.

Je vais être votre Garrick. Écoutez le roi Richard. Il est perdu, et alors, pour la première fois de sa vie, il parle en homme raisonnable.

(Imitant à demi-sérieux un acteur anglais.)

O! that I were as great
As is my grief, or lesser than my name!

. . . .

I'll give my jewels for a set of beads,
My gorgeous palace for a hermitage,

My figur'd goblets for a dish of wood,
My subjects for a pair of carved saints,
And my large kingdom for a little grave,
A little, little grave, an obscure grave (1)!

Polygnote, tant qu'un roi n'en est pas arrivé à dire cela, il est inaccessible aux conseils du sens commun. Retenez, en outre, que le plus honnête homme du monde, s'il a le malheur de vivre dans l'intimité d'un roi, devient incapable, ce roi ayant dit : Oui, de lui répondre : Non. Est-ce que les ministres de nos Stuarts ont jamais dit : Non? Est-ce que les ministres de Napaléon III lui ont jamais su dire : Non? Allez en Allemagne, Polygnote...

POLYGNOTE.

En Allemagne! Je ne sais ni la géographie ni l'allemand.

SIR JOHN.

Cela ne fait rien. Allez droit à la cour de Berlin; vous y verrez quantité de gens qui, lorsque César a parlé, quoi qu'il ait pu dire, répondent tous : *Ia, Majestat*. Avez-vous jamais entendu un Allemand dire : *Ia, Majestat?*

POLYGNOTE.

Non.

SIR JOHN.

Alors vous n'avez rien vu ni entendu. Sachez donc que Sénèque étant venu conférer avec César, n'a pu lui

---

(1) Shakspeare, *Richard II*, acte III, scène III.

dire, César ayant parlé, que : *Ia Majestat!* Éteignez-moi, bien que cela soit dommage, les yeux perçants que vous lui avez donnés ; ne me le montrez que de profil, courbez-le un peu plus et laissez-moi le plaisir de deviner qu'il n'a répondu à son maître que la seule chose qu'un courtisan puisse répondre à un roi : *Ia, Majestat!*.

POLYGNOTE, très-attentif et réfléchissant.

Il me semble, en effet...

SCÈNE V.

POLYGNOTE, SIR JOHN, FABIA, rentrant.

FABIA, émue, de l'air et du ton d'une personne qui réprime son émotion.

Eh bien ! sir John, j'ai lu.

SIR JOHN.

Alors, madame, veuillez prononcer.

FABIA, se remettant et reprenant peu à peu le ton du badinage.

Votre cour, en vous remettant cette pièce diploma-tique, vous a-t-elle autorisé à m'en laisser copie ?

SIR JOHN, du même ton.

Ma cour m'a même autorisé, madame, à vous en laisser l'original.

FABIA.

Mais, bien que cette dépêche ne soit pas tout à fait une circulaire, pensez-vous qu'on puisse en user dans la conversation ou autrement?

SIR JOHN.

Ma cour m'a dit, madame, de vous remettre cette pièce et de vous prier d'en faire l'usage que vous trouveriez prudent.

FABIA.

Je la garde donc. Monsieur Polygnote, depuis un mois on ne manque pas de vous apercevoir, votre ami Éraste et vous, tous les mercredis à l'Opéra.

POLYGNOTE.

Sénèque dit, madame, qu'il est agréable et politique d'aller les mercredis à l'Opéra.

FABIA.

Sénèque dit cela? Suivez donc ponctuellement son ordonnance ce soir, et si vous apercevez comme d'habitude la marquise et sa nièce dans notre loge, surmontez votre timidité naturelle et ne craignez pas, votre ami Éraste et vous, de venir faire votre révérence.

POLYGNOTE.

Nous ne craignons, madame, que de vous déplaire.

SIR JOHN, riant.

Oh! oh! l'hypocrite! Polygnote, vous ferez votre chemin. Si Sénèque en avait dit autant, il serait encore ministre. Prenez garde, votre férocité républicaine s'amollit, mon cher !

POLYGNOTE.

Elle s'affirme dans l'apostolat, au contraire. Savez-vous, sir John, ce que nous allons faire ainsi en plein pays ennemi ? Rendre l'ouïe aux sourds et la vue aux aveugles.

SIR JOHN.

Ils ne doutent de rien, ces républicains ! Et comment vous y prendrez-vous pour cela ?

POLYGNOTE.

Nous ferons accroire aux légitimistes qu'un ange est descendu du ciel apportant une pancarte sur laquelle nous avons lu, tracé en encre couleur d'azur : *République française.* DEUS FECIT ! S'ils en doutent, nous ferons comme eux, nous montrerons le papier. — Cela est bien différent, — nous répondront-ils ; et alors, ô prodige ! tout le faubourg Saint-Germain s'écriera : Vive la Rép..... Je n'ose achever.

SIR JOHN.

Prenez garde à un autre dénoûment. J'ai lu dans un journal qui so publiait il y a deux mille deux cents ans l'anecdote que voici : Hercule rentrait, Parthénia passait, Hercule tourna la tête. Parthénia, dit Diogène, est plus forte qu'Hercule. — Paradoxe ! cria la foule. — Gens de Thèbes, répliqua le Cynique, ne voyez-vous pas qu'elle lui a tordu le cou ? Méditez cet apologue, Polygnote ; il est profond, et cependant il est clair.

POLYGNOTE.

Pas pour nous ; nous ne sommes pas d'Athènes.

SIR JOHN.

Et d'où êtes-vous donc ?

POLYGNOTE.

De Sparte.

FABIA, riant.

Ah ! vous êtes de Sparte ! Eh bien ! à ce soir, Spar-
tiates... mais à Athènes !

Polygnote les reconduit. Ils sortent.

SCÈNE VI.

Chez la marquise. — Deux heures de l'après-midi.

Le salon de Lucile. — Ameublement de la fin de la Restauration.
— Encastré dans un lambris faisant face à une fenêtre, un tableau
de l'école de Fra Filippo Lippi, représentant une Vierge à qui un
archange à genoux présente un lis.
Lucile devant une table placée près de la fenêtre, dessine.

UN VALET DE CHAMBRE, entrant.

Mademoiselle, il y a en bas un domestique qui veut
absolument parler à madame et remettre à elle seule un
petit paquet dont il est chargé. Madame est sortie ; je
lui ai dit que nous ne savions pas à quelle heure elle
rentrerait ; alors il s'est assis dans l'antichambre, et il

a dit qu'il attendrait. Je lui ai dit que j'allais prévenir mademoiselle.

LUCILE.

Qui est ce domestique? de quelle part vient-il?

LE VALET DE CHAMBRE.

Mademoiselle, c'est un homme âgé, bien convenable. Il dit qu'il vient de chez un représentant, M. Éraste. Je lui ai offert de prendre son paquet et de l'apporter à mademoiselle, mais il n'a pas voulu. Mademoiselle veut-elle le recevoir?

LUCILE.

Faites-le monter.

SCÈNE VII.

LUCILE, AUGUSTE.

LUCILE, levant les yeux sur Auguste et l'envisageant rapidement.

Vous apportez un paquet de la part de M. Éraste, et vous avez ordre de ne le laisser qu'entre les mains de la personne à laquelle il est adressé?

AUGUSTE, vêtu d'une redingote de drap noir, sans signe de livrée. Grand air d'honnêteté et de bonhomie.

Oui, mademoiselle. Mais je crois qu'en le laissant entre les mains de mademoiselle, cela reviendra au même.

LUCILE, réprimant un sourire.

Je le crois aussi... Voyons... (Auguste lui présente une boîte qu'elle ouvre. La première chose qu'elle aperçoit est une lettre adressée à : *Madame la Marquise* de ***, et signée à l'un des angles de l'enveloppe : *Éraste*. Elle pose la lettre sur sa table, et elle sort d'un lit de découpures de papiers l'objet que renferme ia boîte.)... Ma statuette!... (Elle se lève, présente le petit bronze sous toutes ses faces, au jour de la fenêtre.) intacte... Ah! cela me fait grand plaisir!... Mais comment ce bronze a-t-il pu être retrouvé...

AUGUSTE, du ton d'un homme qui commence une histoire.

Mademoiselle, quand nous avons été renvoyés de Paris... (Regard un peu étonné de Lucile.) oui, mademoiselle, quand nous avons été renvoyés par la Commune, nous avons été obligés de laisser entre leurs mains une des caisses qu'ils ne nous ont pas donné le temps d'enlever, et...

LUCILE.

De quelles caisses parlez-vous?

AUGUSTE.

. Des caisses dans lesquelles M. John, que mademoi-moiselle connaît sans doute, (Signe d'assentiment de Lucile.) avait fait mettre déjà sous le premier siége, son mobilier, et à ce qu'il paraît celui d'une famille de sa connaissance. Dame, le 20 mai, il commençait à ne plus faire bon pour personne à Paris, le pavé brûlait, et il n'y avait plus moyen de rien déménager... C'est alors que nous avons quitté Paris, il n'était que temps, et que nous avons été deux jours à Saint-Germain. C'est dans cette caisse laissée derrière nous qu'était la statuette de mademoiselle.

LUCILE.

On vous a rapporté la caisse?

AUGUSTE.

Non, mademoiselle. (Se mettant à l'aise et du ton d'un vieux domestique qui aime à narrer.) Nous la croyons perdue, et ce qu'il y avait dedans. Mais voilà donc que le 10 décembre, pendant que monsieur était à la Chambre, arrive un homme de la police, qui me dit qu'il a vu des objets semblables à ceux qui étaient dans la caisse. M. John avait fait sa déclaration. Le soir, quand monsieur rentra, je lui rendis compte. Mais ce jour-là, mademoiselle se rappellera peut-être...

LUCILE.

Le 10 décembre?

AUGUSTE.

Oui, mademoiselle, le 10 décembre. Il y avait eu, il faut croire, du bruit à la Chambre. Monsieur rentra tard, et pas de bonne humeur. (Lucile devient très-attentive.) Il ne prit pas garde à ce que je dis. Mais voilà que le lendemain, M. John arriva dès le matin, et... j'y étais, je sais bien comme cela s'est passé... il dit à monsieur : Auguste a raison, et le signalement qu'on lui a donné de la statuette doit être exact. Et alors, mademoiselle, pendant que M. John disait cela, voilà ses yeux qui se portent sur la crédence qui est dans le cabinet de monsieur, et qu'il s'écrie : mais la voilà, la statuette! Ce n'était pas elle, mais c'était la pareille...

LUCILE.

La pareille !

AUGUSTE.

Oui, mademoiselle, la pareille, sauf que la nôtre a le bras droit cassé, et qu'au lieu d'une couronne sur la tête, elle a une fleur. Alors, à partir de ce jour-là, monsieur m'a fait courir tout Paris, et hier soir, après l'avoir suivie six semaines, cette statuette, de fil en aiguille, ça serait trop long à dire à mademoiselle, nous avons fini par mettre la main dessus.

LUCILE.

C'est une persévérance dont je vous suis obligée... M. Éraste, dites-vous, possède une statuette pareille à celle-ci?

AUGUSTE.

Mademoiselle, c'est encore une autre histoire, que l'histoire de notre statuette. (Hochant la tête, et d'un ton un peu triste.) C'est du temps de madame... Si mademoiselle permettait, je lui dirais... (Tout en parlant ainsi, soit fatigue d'être debout, soit pour être plus commodément placé, Auguste se laisse aller à poser sa main gauche sur l'angle de la cheminée.)

LUCILE, voyant le mouvement et voulant faire parler Auguste,
lui montre une chaise.

Asseyez-vous. (Auguste hésite, comme un homme qui va s'excuser; Lucile, avec bonté, mais avec une nuance non équivoque d'autorité, répète :) Asseyez-vous.

AUGUSTE, s'asseyant, flatté de l'attention qu'on lui prête,
et reprenant les choses à la guerre de Troie.

Ça remonte au 2 décembre. Quelle nuit, mademoiselle ! Nous avons vu tout depuis, même brûler Paris, mais ça n'est rien, comparé au deux décembre. Sur les trois heures du matin, les bonapartistes arrivent, enfoncent la porte, et avant que nous ayons eu le temps de savoir ce que c'était, se précipitent dans la chambre de monsieur, et le pistolet sur la gorge, lui donnent un quart d'heure pour les suivre. Quand je dis monsieur, j'entends le père de monsieur. M. Éraste alors était tout jeune. Au bruit, il s'était jeté hors de son lit, et il était accouru avec un méchant fusil dans la main. Madame se jeta devant lui et le désarma. Il était temps. Ces brigands de décembre étaient capables de tout pour leur maître, même d'égorger un enfant... (L'accent d'Auguste s'est animé avec son récit ; il s'arrête un moment et reprend.) Pour lors, nous fûmes jetés à la frontière, monsieur, madame, M. Éraste et moi, comme des malfaiteurs, par des gens qui en étaient de grands malfaiteurs !... Monsieur bientôt mourut... Moi, j'ai toujours cru que c'était de colère et de chagrin... Si je dis tout cela, mademoiselle, c'est que la statuette...

LUCILE, impassible en apparence.

Oui, oui, continuez.

AUGUSTE.

Madame ne pouvait plus supporter de vivre en France. Elle disait que c'était l'exil au dedans. Aussi, dès que M. Éraste a eu fini ses études, nous avons voyagé en Angleterre, en Allemagne, en Autriche. Et puis, comme la santé de madame était délicate, nous nous sommes fixés à Rome. Et c'est là qu'un jour madame a acheté, pour faire plaisir à M. Éraste, la statuette pareille à

7

celle-ci... Je vois encore où... Si mademoiselle connaît Rome...

LUCILE.

Oui.

AUGUSTE.

Eh bien! mademoiselle, c'est *via Condotti*, près la place d'Espagne. Un de ces messieurs de l'Académie de France était avec nous, et nous sommes sûrs que notre statuette est bien la pareille de la vôtre, mademoiselle, et antique...

LUCILE, le laissant aller et ne montrant rien de l'intérêt
qu'elle prend au récit.

J'en suis persuadée.

AUGUSTE.

Et puis c'est tout, mademoiselle, ça a été le dernier cadeau de madame à son fils. Madame est morte six mois après, et nous l'avons laissée à Rome d'où, par son testament, elle a défendu qu'on la rapporte... (Il s'arrête un moment et reprenant.) Si ce n'était pas abuser de la bonté de mademoiselle, qu'est-ce qu'elle représente donc, cette statuette...

LUCILE.

L'Espérance.

AUGUSTE, avec bonhomie, se parlant entre les dents
à lui-même.

Le fond de notre boîte!...

LUCILE, feignant de n'avoir rien entendu et se levant.

Vous remercierez M. Éraste, en attendant que nous puissions le faire nous-mêmes, et...

SCÈNE VIII.

LUCILE, AUGUSTE, LA MARQUISE.

LUCILE, vivement.

Ma statuette est retrouvée, ma tante. M. Éraste, à qui elle a été rapportée, nous la renvoie, avec une lettre pour vous.

LA MARQUISE, regardant d'abord la statuette.

Ah !... j'en suis charmée. (Ouvrant la lettre d'Éraste que lui tend Lucile.) Voyons.

Elle lit des yeux.

« Madame, sir John, votre ami et le mien, avait fait placer dans une caisse qui a été volée ou perdue pendant le régime de la Commune et que j'ai eu jusqu'ici la maladresse de ne pas retrouver, un petit bronze vous appartenant et qui, par le plus grand des hasards, m'a été rapporté hier. L'obligation où je suis d'assister aujourd'hui à la séance de la Chambre m'empêche d'aller vous reporter moi-même ce bel ouvrage, dont vous avez sans doute regretté la perte. Je me hâte de vous le renvoyer par un messager sûr qui a ordre de ne s'en dessaisir qu'entre vos mains. Je prends cette occasion, madame, de mettre à vos pieds mes plus respectueux hommages. — ÉRASTE. »

(Repliant la lettre et s'adressant à Auguste.) C'est bien.

Auguste sort.

SCÈNE IX.

LA MARQUISE, LUCILE.

LA MARQUISE, tout en regardant sortir Auguste.

Qui est cet homme qui te rapporte ta statuette? Il
est à M. Éraste?

LUCILE.

Oui, ma tante. C'est son domestique. Il achevait,
comme vous êtes entrée, de me raconter comment...

SCÈNE X.

LA MARQUISE, LUCILE, FABIA.

FABIA, entrant sans être annoncée.

C'est moi... ce n'est pas la Commune, rassurez-vous.
(A la Marquise.) J'avais peur de vous manquer, car il faut
absolument que je vous parle. (A Lucile.) Bonjour, chère
enfant... Aimez-vous à entendre parler d'affaires?

LUCILE, riant.

Non.

FABIA.

(A la Marquise.) C'est M. Lycon qui m'envoie vous donner de bonnes nouvelles. Tous vos titres sont en sûreté, intacts et au complet. Je crois que vous aurez besoin de donner une signature. Il vous expliquera cela mieux que moi ; j'ai seulement deux mots à vous dire.

LA MARQUISE.

Passons chez moi.

FABIA, à Lucile.

A tout à l'heure. (Jetant avant de sortir un coup d'œil sur une aquarelle commencée par Lucile.) Il est charmant ce marmot, avec ses joues roses... C'est un saint ?

LUCILE.

Mais non ! Il aura deux petites ailes, ici et là...

FABIA.

Alors, c'est un ange !... A tout à l'heure...

SCÈNE XI.

Le salon de la Marquise.

LA MARQUISE, FABIA.

LA MARQUISE.

Il ne manque donc rien ?

FABIA.

Tranquillisez-vous,... tout est en règle et au complet.

Vous n'aurez même pas de signature à donner. Je n'ai dit cela que pour éloigner Lucile. C'est autre chose qui m'amène.

LA MARQUISE.

Ah !

Elles s'asseyent.

FABIA.

Oui, je viens à l'occasion de ce petit bronze que M. Éraste a dû vous renvoyer... cette petite statuette que Lucile regrettait tant, et qui représente... (Feignant de chercher.)

LA MARQUISE.

L'Espérance...

FABIA.

L'Espérance... vous l'avez reçue?

LA MARQUISE.

Tout à l'heure ; un domestique l'a rapportée. Vous auriez pu la voir en passant chez Lucile.

FABIA.

C'est que sir John m'a remis à ce sujet une espèce de memorandum dont il est bon, je crois, que vous preniez connaissance.

LA MARQUISE.

Ah ! ah !

FABIA, présentant la lettre que sir John lui a remise.

Le voici.

LA MARQUISE, sortant la lettre de l'enveloppe et la dépliant.

Eh ! mais... c'est l'écriture de M. Éraste !

FABIA.

Vous connaissez donc l'écriture de M. Éraste?

LA MARQUISE.

Oui. Tenez, voici le billet qu'il m'a adressé tout à l'heure en me renvoyant la statuette de Lucile. (Elle tend le billet à Fabia, et tandis que celle-ci le lit des yeux, elle continue.) Ce billet est fort honnête. Il dit ce qu'il faut dire, il n'y manque même pas la formule : « Avec laquelle, Madame, j'ai bien l'honneur d'être votre respectueux serviteur. » Quand j'aurai répondu : « Je suis reconnaissante, Monsieur, de la peine que vous avez bien voulu prendre .. » il me semble que je serai en règle, n'est-ce pas ?

FABIA.

Bien certainement. Mais c'est que le memorandum en dit plus long que le billet.

LA MARQUISE.

En vérité !

FABIA.

Oui. Il contient, au sujet du sauvetage de vos titres et de votre mobilier, des renseignements... d'affaires qu'il est bon, je crois, que vous connaissiez. Sir John avait prié son ami de s'occuper en son absence de sauver, s'il le pouvait, ses meubles, les vôtres et les nôtres, et je crois que s'il y a encore des chaises chez vous et chez moi, M. Éraste y est pour quelque chose.

LA MARQUISE.

Mes obligations envers lui sont donc plus grandes

que je ne pensais. Mais à qui donc est adressé ce memorandum ? Au ministre des affaires étrangères ?

FABIA.

Non, à sir John tout simplement, et sir John me l'a remis avec prière d'en faire tel usage que je croirais bon.

LA MARQUISE.

Et vous croyez bon que je le lise. (Regardant la lettre.) Oh ! c'est d'une écriture bien fine et bien serrée. Vous avez encore vos yeux de quinze ans, ma belle voisine ; voulez-vous me lire cela, ou du moins ce que, sans commettre d'indiscrétion diplomatique, vous jugerez convenable de m'en lire ?

FABIA.

C'est que l'histoire des mésaventures de nos meubles est bien enchevêtrée dans le reste du memorandum. Je crois que j'aurai plus vite fait de vous lire le tout.

LA MARQUISE.

Cela pourrait être. J'ai remarqué que lorsqu'un écheveau est embrouillé, on perd son temps à vouloir le dévider tant qu'on n'a pas retrouvé le bout du fil.

FABIA, lisant.

« Paris, le 20 mai 1871.

LA MARQUISE.

Le 20 mai ! M. Éraste était donc encore à Paris le 20 mai ?

FABIA.

Sans doute ! pour notre déménagement...

LA MARQUISE.

Je l'oubliais. Lisez, chère Fabia, je suis tout oreilles.

FABIA, lisant.

« Paris, 20 mai 1871.

« J'ai pu rentrer hier encore à Paris, mon cher et respectable ami, et je pourrai encore en sortir ce soir; mais je n'y reparaîtrai plus qu'avec l'armée. J'ai été abordé il y a quelques instants dans la rue par un homme que j'ai reconnu pour lui avoir rendu autrefois un petit service et qui m'a dit, feignant de ne pas savoir qui j'étais. — Vous êtes représentant? — Oui. — Ne passez pas devant la mairie de la rue ***; quittez Paris ce soir et ne revenez pas. — Puis il m'a fait un petit signe et il s'est éloigné. L'avis est opportun; je le suivrai.

« Mais je ne puis partir qu'à la nuit close et jusque-là j'ai deux heures devant moi. Que puis-je faire de mieux que de les passer avec vous?

« Pendant les premiers jours qui ont suivi l'insurrection, tant qu'il a été à peu près raisonnable d'espérer faire entendre la voix de la raison ou à Paris ou à Versailles, j'ai été et venu de Versailles à Paris et de Paris à Versailles librement. Après la séance du 23 mars, où la démarche des maires ayant échoué, il a été évident que toute conciliation était impossible, Paris, abandonné à lui-même, a commencé de courir les plus formidables hasards.

« Mon vieil ami le docteur Galien, que vous vous rappellerez certainement avoir vu chez moi, m'offrit alors de me faire passer pour un de ses confrères de la banlieue. Je pris un petit logis à Saint-Germain. Galien me procura un laisser-passer, et c'est ainsi que pendant le mois d'avril et jusqu'à ce jour, tantôt par une porte, tantôt par une autre, j'ai pu, en traversant parfois les lignes prussiennes, aller et venir encore de temps en temps de Versailles à Paris.

« J'ai été assez heureux dans ces allées et venues pour pouvoir faire mettre en sûreté les titres et les objets de quelque valeur que vos lettres m'ont désigné. Votre ambassade a mis beaucoup de grâce à m'aider, et M. Fowler, votre homme d'affaires, a montré de l'intelligence et du sang-froid. J'ai pu par la même voie faire conduire aussi en lieu sûr les principales valeurs de l'hôtel Lycon ; et je n'ai pas oublié, suivant vos instructions, de faire enlever de chez la marquise de ***, votre voisine et votre amie, les objets dont vous m'avez donné la liste. Les titres de propriété de tout genre de la marquise, notamment, ont été, sur ma demande, envoyés par son notaire à un de ses confrères de Saint-Germain, avec qui je me suis mis en relations, et qui a bien voulu se rendre dépositaire aussi de tout ce que M. Fowler lui a adressé. Le Fra Filippo Lippi, appartenant à la marquise et que vous m'avez particulièrement signalé, a été détaché avec soin de la boiserie où il était encastré et il est à Saint-Germain. Heureusement ! car c'est une merveille, et qu'arrivera-t-il d'ici à quarante-huit heures rue de Lille, rue de l'Université et rue du Bac ? Je n'ose y penser. Il n'est resté en arrière qu'une caisse renfermant quelques bronzes. Il y en a à vous, à Mᵐᵉ Lycon et à la marquise ; M. Fowler, pressé, a tout fait mettre ensemble. Il est trop tard maintenant pour songer à faire sortir cette caisse de Paris par une porte quelle qu'elle soit. Faites-en votre deuil.

« Au moment où je vous écris, ce ne sont plus les heures qui comptent, ce sont les minutes. La tranchée est ouverte entre le fort de Vanves et le rempart, et au Point-du-Jour les brèches grandissent à vue d'œil, sous la protection des batteries de Montretout et du Mont-Valérien, qui couvrent le chemin de ronde de projectiles.

« La victoire du droit et de l'armée n'est plus douteuse. Mais j'ai beau rassembler mon sang-froid, je n'envisage pas sans horreur la péripétie prochaine de la lutte. Le prolétariat, armé jusqu'aux dents, qui se bat dans Paris, opposera sur certains points une résistance désespérée. Les jacobins qui le conduisent, car ce sont des purs jacobins, sont gens à ne nous rendre Paris qu'en ruines. De son côté, l'armée est furieuse et elle se battra comme elle s'est toujours battue, comme à Reischoffen, comme à Gravelotte, comme à Coulmiers, comme à Bapaume, comme à Sedan même, comme partout... mais, hélas! cette fois contre qui!

« Dieu puissant, qu'il est étroit, difficile et sanglant le sentier que tu montres ouvert aux hommes de bonne volonté, entre la scélératesse et l'aveuglement des partis!

« Un dernier acte de la Commune, acte qui achève de montrer, sans parler du reste, la prodigieuse stupidité des gens qui la composent, est le renversement de la colonne Vendôme.

« Les journaux vous auront appris qu'elle est tombée

avant-hier 18 ; sa chute a augmenté encore, s'il est possible, dans l'esprit de l'armée la légitime colère qui la transporte. On ne pouvait l'insulter plus douloureusement, plus gratuitement, plus lâchement.

« La population bourgeoise de Paris, terrorisée depuis la fin de mars, a assisté, inerte et impuissante, à la consommation de cet acte de vandalisme comme de tous ceux qui l'ont précédé, la démolition de l'hôtel de M. Thiers, le pillage des principales maisons de la ville et le reste.

« Hier soir, quelques heures après ma rentrée à Paris, j'ai pu, grâce à Galien et en sa compagnie, pénétrer jusqu'à la place Vendôme, promenade rare à l'heure où nous sommes et qui restera, si je survis, dans les souvenirs historiques de ma vie. On était venu en hâte chercher le docteur pour visiter à l'hôtel du Rhin un des chefs des fédérés qui a reçu une balle dans la poitrine. C'était sur les huit heures du soir par un beau clair de lune. Des sentinelles, se relayant tous les vingt pas, nous ont conduit du boulevard par la rue de la Paix jusqu'à notre destination, où Galien n'a pu que constater que le chef fédéré ne passerait pas la nuit. Sortis de l'hôtel, on nous a laissé libres de nous en retourner par le chemin que nous avions pris pour venir, et nous l'avons fait lentement, en contemplant l'étrange spectacle que nous avions sous les yeux, sans échanger ni l'un ni l'autre une seule parole sur l'impression qu'il nous causait.

« La mémoire a des retours soudains et singuliers. Quand j'ai vu gisant sur le pavé les débris de l'image de cet homme prodigieux et fatal, si grand, s'il eût voulu, s'il eût pu être sage, croyez-vous que j'aie pensé d'abord aux scélérats qui viennent de la jeter à bas? Non. J'ai pensé d'abord aux royalistes de 1814; et avant toute réflexion, il m'est revenu à l'esprit ce quatrain d'un émigré du temps :

> Tyran, perché sur cette échasse,
> Si le sang que tu fis verser
> Pouvait tenir dans cette place,
> Tu le boirais sans te baisser.

« Puis et sans intervalle j'ai vu et entendu en imagination les belles dames de 1814 chantant sur l'air de *Vive Henri IV* :

> Vive Guillaume
> Et ses guerriers vaillants !
>
> . . . .
>
> Vive Alexandre !
> Vive ce roi des rois !
>
> . . . .

« Un peu plus je voyais Guillaume et Alexandre en personne au balcon de l'état-major. Et l'illusion un moment dans l'absorption d'esprit où j'étais a été si forte, qu'il m'a semblé voir aussi la statue la corde au cou traînée par un misérable portant la cocarde blanche.

LA MARQUISE.

Maubreuil !

FABIA, continuant.

« Avec l'aide et aux applaudissements de tout ce qu'il y avait de mieux en France.

LA MARQUISE.

Hélas !

FABIA, continuant.

« Les partis sont tous et toujours les mêmes, mon cher ami. Les rouges de 1871 sont exactement de la même force que les blancs de 1814.

« Que les Prussiens aient la main dans cette odieuse action, tout Paris le dit. A Versailles nous avons lieu de le soupçonner. Ce qu'il y a de certain, c'est qu'il y a dans cette destruction et dans la manière dont elle s'est faite quelque chose de bassement tramé, de méthodiquement conduit et de placidement achevé qui n'a rien de français.

LA MARQUISE.

Cela est vrai. Sans le czar, en 1814, les Prussiens auraient déjà renversé la colonne.

FABIA, continuant.

« Les ouvriers sans cœur, sans patrie, sans âme qui ont travaillé à cette ruine sous les ordres de la Commune se sont crus, sans doute, comme les gens de la Commune eux-mêmes, des Brutus. Ils ont, en effet, renouvelé la bévue de Brutus, en effigie du moins. Pauvres cervelles qui s'imaginent que pour se délivrer du césarisme il suffit de tuer César et de renverser ses statues !

« Vous voyez, cher ami, où nous en sommes, aujourd'hui 20 mai, à sept heures du soir.

« Où en serons-nous et que se passera-t-il demain 21 ? Dieu le sait.

« Les Prussiens, dans la guerre de Sioux que leur

César nous a faite, ont apporté aux droits des gens universellement consenti par les nations civilisées deux petites corrections qui ne sont pas sans conséquence : ils ont enlevé des otages et ils ont employé le pétrole.

« Les jacobins ont tous les instincts des Césars, ce qui n'a rien d'étonnant, car qu'est-ce qu'un César, si ce n'est un jacobin retourné ?

« La Commune, vous devez, comme nous, le savoir, a pris des otages. L'archevêque, des dominicains, des jésuites sont du nombre. On a remué ciel et terre pour les ravoir. Vains efforts ! Nous ne retrouverons, j'en ai une horrible peur, que leurs cadavres. La population ouvrière de Paris, je parle de celle trop nombreuse encore qui est derrière les barricades, n'a aucune foi au dogme qu'elle regarde comme une superstition. Elle est matérialiste, et toute sa religion consiste dans la satisfaction de ses appétits. Vous vous figurez aisément alors dans quelles mains sont tombés les malheureux otages. Ajoutez que l'imprudente conduite du clergé depuis 1848 lui a aliéné les masses à un tel degré que je ne sais ni si, ni quand, ni comment il pourra les ramener à lui. Ce ne sont pas les avis, les objurgations, les défenses même de Rome pourtant qui ont manqué à ce clergé. On lui a écrit sur tous les tons du Vatican de ne pas se mêler de politique. Mais il a passé outre. Si bien que dans l'espace de moins de trois ans on a vu les mêmes prêtres sans que personne les en priât, bénir les arbres de la liberté, faire élire César, se jeter à plat ventre sur son passage et amnistier son parjure, que dis-je, entonner le *Te Deum* en l'honneur de ce parjure ! Essayez, après cela, de tirer des griffes du tigre le catéchiste du prince impérial et le grand aumônier des Tuileries !

LA MARQUISE, interrompant.

Relisez-moi donc, chère amie, la phrase où il est question de Rome.

FABIA, reprenant et du ton de l'interrogation.

« Ajoutez que l'imprudente conduite du clergé?...

LA MARQUISE.

C'est cela.

FABIA, après avoir relu les dernières phrases, continuant.

« Mais le pétrole aussi nous menace. L'essai qu'en a fait faire le roi de Prusse à Saint-Cloud, pour se divertir apparemment, car quel intérêt militaire y avait-il, a mis les jacobins de la Commune en goût d'imitation. A César, César et demi ! Ils ont projeté d'incendier Paris ! Oui, cher ami, d'incendier Paris ! Il y a dans quelques bouges, nous ne savons exactement où, mais nous savons, à n'en pas douter, que ce bouge existe, des misérables qui ont résolu de répéter en grand dans Paris l'incendie de Saint-Cloud ! Dieu fasse que l'armée entre à temps ! Mais l'assaut ne sera possible que mardi (1), dans soixante heures !...

« C'est dans ces transes, cher John, que j'ai reçu hier à Versailles, au moment de partir, votre lettre de Jersey.

(1) C'est ce qu'on croyait le 20 au soir. On sait que, grâce au dévouement de M. Ducatel et du capitaine de frégate Trève, la porte de Saint-Cloud fut surprise le lendemain dimanche 21, vers trois heures de l'après-midi.

« La riante peinture que vous m'en faites m'a fait chanter dans la mémoire ces vers de votre Homère que je vous ai entendu réciter souvent :

> . . . . . . , This little world,
> This other Eden, demi-paradise,
> This fortress, built by nature for herself
> Against infection and the hand of war,
> This precions stone set in the silver sea
> Which serves it in the office of a wall
> Against the envy of less happier lands (1)...

« Je vous vois dans votre villa avec vos réfugiées.

« Dites bien à madame Lycon et à la marquise de prolonger leur séjour en Éden. Qu'elles jouissent du bonheur de ne rien voir des scènes sans nom auxquelles nous assistons ici. Restez vous-même, mon cher ami. Ne venez pas, au nom du ciel, ne venez pas ! Il sera temps de revenir quand nous aurons fini de compter les proscrits et les morts.

« Vous me pressez, au contraire, d'aller vous retrouver, — quand ce sera fini, ajoutez-vous discrètement, — et vous me faites même entrevoir, si j'ai bien compris, dans un coin verdoyant *set in the silver sea* une retraite et une fiancée.

« J'ai lu hier, cher John, ce passage de votre lettre, dans de tels moments, que, excusez ma franchise, il m'a arraché un sourire, un sourire triste, bien entendu, comme celui que nous pouvons avoir ici sur les lèvres.

---

(1) *Richard II.* Éraste cite de mémoire et il change un peu l'ordre des vers.

« Cher John, je ne suis pas de la droite comme vous savez. Nos collègues de l'autre côté sont remplis non-seulement de courtoisie, ce qui leur est naturel, mais du désir vraiment touchant de nous ramener à ce qu'ils appellent le bercail. Ajoutez que personne en ce temps-ci n'a plus de courage ni de mérite qu'ils n'én ont. Mais, mon cher ami, ces messieurs ont tous les genres d'esprit, excepté un, l'esprit de leur temps.

« Je suis, moi, de mon temps. Cela dit, il ne me reste qu'à regarder ce temps en face, dussé-je ne pouvoir le faire qu'à la clarté de l'incendie. Mais pour mener une vie de ce genre, cher ami, et la mener debout jusqu'au bout, il faut être seul. Dieu m'a fait cette funèbre grâce, vous le savez; que j'en aie du moins le profit !

« Parlons d'autre chose...

« *P. S.* — Polygnote entre et m'avertit qu'il est l'heure de partir. Le docteur est déjà au rendez-vous. J'ai encore quelque chose à vous dire. Je ne fermerai cette lettre que demain à Saint-Germain ou à Versailles, avant de rentrer à Paris. »

LA MARQUISE, à Fabia qui s'arrête un moment.

Cette lettre a-t-elle été terminée ?

FABIA.

Oui, à Saint-Germain. Il n'y a plus qu'une page...

LA MARQUISE.

Lisez, lisez.

FABIA, reprenant sa lecture.

« Saint-Germain, 23 mai 1871, onze heures du soir.

« Paris brûle. De la terrasse on voit l'incendie

embraser les deux rives. Les dernières nouvelles ne laissent plus de doute ; les Tuileries sont en feu. Demain peut-être nous apprendrons que le Louvre et toutes les œuvres de génie qui y avaient trouvé asile ne sont plus qu'un souvenir.

« Cela devait finir ainsi. Quand César et Marat fraternisent, *quis contrà?*

« Dieu est visible en tout ceci. Aveugle qui ne le voit pas. Il a agi à sa manière ordinaire. Il n'a rien fait : il a laissé faire. Vingt ans la fange a fermenté. Les barbares sont venus, des bandits les attendaient : ils se sont passé les uns aux autres des allumettes, et Lutèce flambe.

« N'allez pas croire, en Angleterre, que devant cet horrible spectacle nous soyons éplorés. Le temps n'est pas à l'élégie. Nous regardons brûler Paris le cœur broyé et les yeux secs.

« Dieu n'est pas, cher John, ou il est avec nous. Avec nous, dis-je, qui nous passons de main en main, d'âge en âge, le drapeau de l'humanité, de la liberté, de la fraternité, de l'égalité, de la république ! Va-t-il tomber encore une fois avec nous ce drapeau ? Qu'importe ! D'autres le ramasseront, et s'ils succombent eux-mêmes, ils feront comme nous ; avant de le lâcher ils confesseront à la face d'une foule servile, stupide ou scélérate les droits de l'homme et les devoirs du citoyen.

« Nous n'avons pu rentrer ce soir. La rive droite est inaccessible. J'ai pour demain un laisser-passer de l'état-major avec lequel je rentrerai par la rive gauche. L'armée n'occupe encore qu'une partie du faubourg

Saint-Germain. Il y aura une lutte violente de ce côté.

« Il se peut que nous ne nous revoyons pas. Laissez-moi vous dire qu'il n'est personne dont la rencontre dans la vie m'ait laissé jusqu'à la fin un souvenir plus loyal, ni plus doux. — Adieu. — Éraste. »

LA MARQUISE, après un moment de silence, et d'un ton si naturel que Fabia ne peut discerner le genre d'impression que lui a causé ce qu'elle vient d'entendre.

Je n'avais pas besoin d'entendre la lecture de cette lettre pour apprécier le caractère de votre ami, ma chère Fabia. Je ne vous remercie pas moins de me l'avoir lue. Dites-moi, quand pourrai-je voir sir John pour me plaindre à lui de ne m'avoir pas fait connaître plus tôt les obligations véritables que nous avons à M. Éraste?

FABIA.

Justement sir John vient ce soir avec nous à l'Opéra.

LA MARQUISE, souriant.

Nous irons donc à l'Opéra. Aussi bien ai-je une petite querelle à faire à M. Lycon et à son aimable femme. Prévenez-les et...

UN DOMESTIQUE entre apportant à la marquise une carte.

LA MARQUISE, au domestique.

Priez monsieur Philarque d'attendre un moment. (Le domestique sort.) Vous alliez me faire oublier, chère amie, que M. Philarque m'a demandé un moment d'entretien.

LUCILE, entrant, d'un ton précipité.

Ma tante, monsieur Philarque vient d'arriver...

LA MARQUISE.

Eh bien, mon enfant, je vais recevoir monsieur Philarque.

Fabia se lève et se dispose à sortir par la porte du salon.

LUCILE, vivement, lui montrant une porte de dégagement
et prenant cette issue la première.

Par ici, par ici...

Fabia la suit en souriant.

SCÈNE XII.

LA MARQUISE, PHILARQUE.

PHILARQUE.

Madame la Marquise je mets à vos pieds tous mes respects. J'ai été indiscret de vous demander un entretien. J'aurai dérangé quelque sortie, ou...

LA MARQUISE.

Mais non, monsieur Philarque, je suis charmée de vous voir. Asseyez-vous donc, je vous prie.

PHILARQUE, s'asseyant.

Madame la Marquise, d'autres feraient des phrases, et chercheraient des si, des mais, des car. Mais les

Philarque vont droit au fait. Les affaires sont les affaires. Madame la Marquise, j'ai l'honneur de vous demander la main de mademoiselle votre nièce.

LA MARQUISE.

C'est une demande qui n'a rien de désobligeant, monsieur Philarque. Mais je ne puis supprimer d'emblée comme vous les si, les car et les mais. Autrement la conversation finirait.

PHILARQUE.

Madame la Marquise dit les moindres choses avec une grâce incroyable! Mon Dieu, je sais bien qu'il y a des si et des mais dans notre affaire, mais dans quelles affaires n'y en a-t-il pas? Enfin, qu'a-t-on à me reprocher? Je ne suis pas de vieille noblesse, c'est vrai..... Ma particule est neuve, c'est encore vrai. Moi je vais au fait et je ne cache rien. Mais après une génération, madame la Marquise, après une génération.....

LA MARQUISE.

Quelle chaleur! vous vous défendez comme si vous étiez le prétendu.

PHILARQUE, riant d'un gros rire.

Oh! oh! oh! non, madame la Marquise. (Se frappant sur la cuisse.) De prétentions, je n'en ai plus. Je n'en ai plus qu'une du moins, c'est de marier mon neveu. Voyons, qu'est-ce qu'on a à dire contre Amédée? Va-t-on lui reprocher, comme des crimes, quelques fredaines? Il faut que jeunesse se passe, madame la Marquise; eh bien! la jeunesse est passée. Trente et un ans, pas mal de sa personne, — je ne dis pas cela parce qu'il est de mon sang... (Se reprenant.) de notre sang, mais enfin, il n'est fait pour faire peur à personne; avec cela, des principes, de la religion, et membre du Conseil général de ***. Je donne un million, appartement dans mon hôtel, la ferme de Fiquefleur et le titre de comtesse.

LA MARQUISE.

Vous faites les choses magnifiquement. Mais, — voilà le chapitre des mais qui commence, — il est bien entendu que je laisserai ma nièce entièrement libre de sa décision.

PHILARQUE.

Bien entendu, madame la Marquise; moi, je suis rond en affaires et je ne chicane pas sur les détails.

LA MARQUISE.

Ce n'est pas tout à fait un détail, monsieur Philarque, que le consentement de ma nièce.

PHILARQUE, courant après sa bévue.

Madame la Marquise, je...

LA MARQUISE.

Voyons, monsieur Philarque, êtes-vous légitimiste?

PHILARQUE.

Moi, madame la Marquise! mais Monseigneur me paraît l'homme providentiel, s'il y en a un. Je vois des gens qui bronchent sur la question; moi je la tranche et je leur dis net : Monseigneur est l'homme providentiel!

LA MARQUISE.

La foi vous est venue. Mais que disent donc les méchantes langues? Que vous êtes au mieux avec les amis des princes d'Orléans?

PHILARQUE.

Madame la Marquise est informée. Voilà ce que c'est. Notre cœur est pour Monseigneur, mais enfin il faut de la politique. Il n'y a pas de mariage sans le consentement de la fille, n'est-il pas vrai?

LA MARQUISE.

Certes.

PHILARQUE.

Eh bien! la fille à marier dans l'espèce, c'est la France. Et si elle ne veut pas du drapeau blanc, la France? Moi je suis de 89, mais quant à la couleur du drapeau, qu'est-ce que cela me fait? Pourvu qu'il ne soit pas rouge, qu'il soit blanc, bleu, vert, noir ou orange, je n'y tiens pas. Mais voilà le *hic*. Monseigneur le veut blanc et la France ne le veut pas blanc, alors...

LA MARQUISE.

J'entends.

PHILARQUE.

Alors, les d'Orléans sont indiqués et tout portés. D'autant que leur succès se lie à mes projets de mariage.

LA MARQUISE.

Ah! ah!

PHILARQUE.

Les princes, c'est la fleur de la noblesse, n'est-ce pas, madame la Marquise?

LA MARQUISE.

Sans aucun doute.

PHILARQUE.

Eh bien! après Monseigneur, à qui s'adresser, si ce n'est à eux? Moi, je vois tout ce qui les approche. Savez-vous ce que dit l'entourage? Les princes sont à la disposition de la France, avec monsieur le comte de Chambord, après monsieur le comte de Chambord, sans monsieur le comte de Chambord. Ça leur est égal, et à nous aussi, madame la Marquise, et à nous aussi!

LA MARQUISE.

Vous m'apprenez des choses que je ne soupçonnais pas.

PHILARQUE.

Je suis informé, madame la Marquise..... Qui sera roi? Sera-ce le prince de Joinville, le duc d'Aumale ou le comte de Paris? Qu'est-ce que cela nous fait? Il nous faut un roi. Si Monseigneur ne veut pas être curé, eh bien, nous prendrons ses vicaires. Car pour la République, la ruine publique, comme on l'appelait si bien en 48.....

LA MARQUISE.

J'ignorais ce jeu de mots.

PHILARQUE.

Oui, madame, nous l'appelions ainsi en 1850, à la veille du coup d'État. Le mot eut un succès prodigieux. Je dis donc : qu'est-ce que cela nous fait qu'un prince ou l'autre soit roi, pourvu qu'il y ait un roi? Je ne me presse pas de voir les princes, mais la première fois que je les rencontre, je ne serai pas gêné de leur répéter ce que j'ai dit autrefois à leur mère et à leur grand'mère...

LA MARQUISE.

Vous alliez donc aux Tuileries sous la monarchie de Juillet?

PHILARQUE.

Madame la Marquise, les affaires sont les affaires. Qui est-ce qui a changé? Ce n'est pas moi, c'est le gouvernement.

LA MARQUISE.

Sans doute. Mais qu'avez-vous donc dit autrefois à la mère des princes?

PHILARQUE.

C'était en 47, madame la Marquise, ça branlait au manche. Nous étions aux Tuileries avec Mégadore, Philinte, Cléon et cinq ou six autres. La conversation s'était échauffée. « Croyez-bien, madame, dis-je à la reine, croyez-bien que si nous vous soutenons... c'est que c'est notre intérêt! »

LA MARQUISE.

Et la reine vous répondit?

PHILARQUE.

Je l'entends encore, madame la Marquise, la reine me fit l'honneur de me répondre : « Monsieur, j'en suis persuadée. » Voilà ce que la reine me répondit.

LA MARQUISE.

On eut tort de ne pas suivre vos avis dans ce temps-là. Monsieur Philarque, était-ce aussi bien aux Tuileries, sous l'empire?

PHILARQUE.

C'était très-bien, madame la Marquise, très-bien, très-bien!... et même entre nous, sur un pied...

LA MARQUISE.

Vous approchiez l'Empereur, on m'a dit cela.

PHILARQUE, flatté.

Mon Dieu, oui, et...

LA MARQUISE,

Était-il bienveillant?

PHILARQUE.

Très-prince, oh! très-prince, pour ça tout à fait prince. J'ai été à Compiègne aussi, et...

LA MARQUISE.

Avez-vous eu aussi l'honneur de vous entretenir avec l'Impératrice?

PHILARQUE.

Non, madame.

LA MARQUISE.

Vous n'étiez pas des Lundis?

PHILARQUE.

Non, madame. Pourtant, une fois, j'ai manqué de causer avec l'Impératrice. J'avais dîné aux Tuileries. Je voulais lui recommander quelqu'un. Autour d'elle il y avait un groupe, j'attendis. A un moment, il ne resta plus avec elle qu'un chambellan. Bast! à la bonne franquette! Je m'approchai. Il n'y avait plus, madame la Marquise, que ce chambellan près de l'Impératrice. Je lui dis : Madame... Remarquez, madame la Marquise, qu'il n'y avait plus qu'elle et le chambellan, et...

LA MARQUISE.

J'entends, qu'advint-il?

PHILARQUE.

L'Impératrice me tourna le dos et emmena le chambellan.

LA MARQUISE.

Cela n'était pas obligeant. Mais il faut savoir excuser les princes, Monsieur Philarque. Vous avez vécu à la Cour, vous devez savoir cela. On impute à mal à ces pauvres princes bien des actions qui, une fois expliquées comme votre aventure avec l'Impératrice par exemple, paraissent toutes naturelles.

PHILARQUE.

Mon Dieu oui. Et je ne lui en veux pas à l'Impératrice, croyez-le bien, madame la Marquise; ah! mon Dieu, je ne lui en veux pas!

LA MARQUISE.

Et le prince Napoléon, vous ne m'en dites rien?

PHILARQUE, sentencieux.

J'ai bien paru trois ou quatre fois au Palais-Royal, mais j'évitais les occasions d'y aller. Vous le savez, madame la Marquise, on y passait sa vie à dire du mal de la religion et de l'Empereur.

LA MARQUISE.

Depuis qu'elle a été donnée en apanage, on n'a jamais fait autre chose dans cette maison-là.

PHILARQUE.

Vous avez bien raison, madame la Marquise.

LA MARQUISE.

Que me disiez-vous donc tout à l'heure d'un rapport entre votre liaison avec le parti d'Orléans et la demande en mariage que vous m'apportez de la part de monsieur votre neveu ?

PHILARQUE.

C'est, madame, qu'aussitôt qu'Amédée sera marié, j'ai parole du parti qu'on fera les démarches nécessaires pour le faire nommer secrétaire de légation à Rome. Ce seront les épingles de la jeune comtesse. Nous mettrons ça dans la corbeille de noces. C'est chose faite. Amédée s'est jeté dans le parti ; il a des moyens, tous ces messieurs le reconnaissent.

LA MARQUISE.

Ils seraient maladroits de ne pas les voir.

PHILARQUE.

Et vous voyez d'ici, madame la Marquise, mademoiselle Lucile en passe de devenir ambassadrice ! Comme cela lui irait à la charmante demoiselle ! Que de comtesses qui n'auront pas, comme elle, l'air avec le titre !

LA MARQUISE.

Je le crois. Vous dites les choses le plus galamment

du monde, monsieur Philarque. Je rapporterai de point en point à ma nièce tous les termes de votre message. Mais je ne m'engage, vous vous le rappelez, qu'à répéter ce que j'ai entendu.

PHILARQUE,

Je comprends, madame la Marquise, je comprends...

LA MARQUISE.

Et ma nièce décidera.

PHILARQUE.

Vous me comblez, madame la Marquise, je ne suis pas venu demander autre chose et je suis ravi rien que...

LA MARQUISE.

Ne me remerciez, pas, monsieur Philarque, cela n'en vaut pas la peine.

Elle se lève.

PHILARQUE, se levant, avec feu.

Si, vraiment, madame la Marquise, je veux vous remercier de m'avoir entendu jusqu'au bout, et je suis... tenez... Enfin, je m'entends. Tous mes remercîments, madame la Marquise, tous mes remercîments.

LA MARQUISE, le reconduisant jusqu'à la porte du salon.

C'est moi qui suis votre obligée, je vous dois une des conversations les plus intéressantes que j'aie eues depuis longtemps.

Philarque sort. La Marquise, les yeux fixés sur la
porte par laquelle il est sorti, se parlant à elle-
même...

Quand on n'a pas vu et entendu cette espèce d'hommes, on ne sait pas jusqu'où peut aller la lâcheté humaine !

SCÈNE XIII.

A l'Opéra. — On donne *Don Juan*. — Il est dix heures.

LA LOGE DE LYCON.

FABIA, LUCILE, LA MARQUISE, SIR JOHN, GALIEN, LYCON.

SUR LA SCÈNE.

DON JUAN, sous le balcon d'Elvire, achève sa sérénade.

. . . . . , ...
Peut-on être cruelle
Avec des yeux si doux !

(La salle entière applaudit le chanteur ; il recommence.)

Je suis sous ta fenêtre
. . . .
. . . .
. . . .
Peut-on être cruelle
Avec des yeux si doux !

DANS LA LOGE, pendant la scène suivante de l'opéra.

LA MARQUISE.

Le charme de la langue italienne s'est envolé de cette traduction. *Je suis sous ta fenétre* ne vaudra jamais, pour la musique, *Deh! vieni alla finestra.* Mais ce sont d'habiles gens, malgré cela, que ceux qui ont ainsi traduit Da Ponte.

GALIEN.

De très-habiles. Ils ont fait moins une traduction que ce que les anciens musiciens appelaient d'un mot trèsjuste, une parodie.

LUCILE.

Oh ! oui ! cela m'a frappée. Ils ont certainement fait leurs paroles sur le chant, sans s'occuper du texte italien, et cela est bien ingénieux ; pourtant il manque quelque chose à leur œuvre, je ne sais pas quoi...

SIR JOHN.

Il manque les *a*, les *e*, les *o* et les *i* des finales italiennes. Il n'y a pas moyen de faire de la musique sans ces *i*, ces *o*, ces *e* et ces *a*.

FABIA.

Le fait est que la première fois que j'ai entendu Figaro me chanter *Place au courrier de la ville* au lieu de *Largo al factotum della citta*, je me suis demandé d'où il venait.

LYCON.

C'est peut-être aussi une affaire d'habitude. Malgré

cela, je me rappellerai toujours Tamburini dans son bon temps chantant *Deh! vieni...* et c'était autre chose... Ah! voilà Zerline.

(Silence dans la loge.)

SUR LA SCÈNE.

ZERLINE, avec une voix d'un timbre parisien, mais avec méthode et avec goût.

Viens, je possède
Un doux remède

. . . .

Qui peut combattre
Ce baume-là?
Sens mon cœur battre
Le charme est là...

(Toute la salle applaudit Zerline.)

DANS LA LOGE.

LA MARQUISE.

Quel chef-d'œuvre de vérité et de grâce! Mais j'en suis pour ce que j'ai dit; et j'aurai toujours dans les oreilles, en entendant cette incomparable musique, *Vedrai carino...*

SIR JOHN.

C'est au sextuor que je les attends; l'épreuve va être décisive.

SUR LA SCÈNE.

LEPORELLO, DON OTTAVIO, MASETTO, DONA ELVIRA, DONA ANNA, ZERLINE, chantent le sextuor.

> Applaudissements sur certains bancs du parterre, indifférence dans la salle, silence dans la loge.

LUCILE.

C'est que si ce morceau est magnifique, il faut être juste aussi, il doit être d'une exécution bien difficile.

> Le rideau tombe sur le final du troisième acte. — Galien et Lycon sortent de la loge et vont faire un tour au foyer.

SCÈNE XIV.

Pendant l'entr'acte.

DANS LA LOGE.

FABIA, LUCILE, LA MARQUISE, SIR JOHN, puis ÉRASTE.

> Entre Éraste.

FABIA.

Ah! monsieur Éraste! le plus discret de nos visiteurs, mais toujours le bienvenu.

ÉRASTE.

Vous savez excuser tout le monde, madame, même les absents.

LA MARQUISE.

Les absents auraient eu tort aujourd'hui de l'être, monsieur. Je demandais justement votre adresse. J'aime mieux avoir à vous remercier en face. Nous avons eu grand plaisir à revoir notre petit bronze.

LUCILE.

Oui, sa perte m'avait causé un véritable chagrin.

ÉRASTE.

Je bénis donc deux fois le hasard, mesdames, de me l'avoir fait retrouver.

SIR JOHN.

Éraste, vous allez nous donner votre avis. Le sextuor est une merveille d'art dramatique, n'est-ce pas? Je vous avertis que dans un temps, où vous étiez à peine au monde, je l'ai entendu exécuter beaucoup mieux que ce soir, et même deux ou trois fois aussi bien que possible par six virtuoses. Comment se fait-il que même bien exécuté, il ne réalise pas à l'audition tout ce qu'on en devrait attendre à la lecture?

ÉRASTE, après avoir un moment réfléchi.

Je crois que c'est la faute de Mozart.

SIR JOHN.

J'étais sûr qu'il allait nous dire du nouveau !

ÉRASTE.

Permettez. Mozart a demandé à six chanteurs d'opéra d'exécuter un morceau qui, tout dramatique qu'il est dans chacune de ses parties, revêt, l'orchestre aidant, le caractère religieux. Il faudrait six chanteurs et un orchestre possédés du génie de Mozart pour traduire une pareille œuvre.

LA MARQUISE.

Votre observation me paraît très-juste, monsieur, et elle pourrait servir à expliquer ce qu'une cantatrice célèbre, mais qui n'était qu'une cantatrice, dit un jour devant moi : *Non capisco niente a questa maledetta musica!*

FABIA.

Il est certain que cette musique est sortie d'un autre monde que le monde de l'Opéra.

ÉRASTE.

Elle est sortie de l'âme de Mozart, c'est-à-dire d'une des âmes les plus religieuses qu'il y ait eu. Il s'exhale comme un parfum céleste de ses mélodies. Il n'y a que la vue d'une fresque de Raphaël qui cause une émotion égale à celle que donne une audition même médiocre de *Don Juan.*

LUCILE.

Toute la partition, du reste, a le caractère religieux.

ÉRASTE.

Oui, mademoiselle. Mozart y a même introduit une prière ou au moins une hymne.

LUCILE.

Le trio des masques?

ÉRASTE.

Le trio des masques.

SIR JOHN, avec humour.

Alors, mon cher, ce n'est donc pas, comme vous aviez commencé de nous le dire, la faute de Mozart si je n'ai jamais été content de son sextuor à la scène? J'aime mieux votre seconde explication.

LA MARQUISE.

Elle complète la première. Pour moi j'ai toujours pensé que lorsque *Don Juan* ne se soutenait pas au théâtre, c'était toujours la faute ou des chanteurs ou du public, ou des deux.

SIR JOHN, toujours du même ton.

Voilà, Marquise, qui condamne, sans réplique, le prince archevêque de Salzbourg qui envoyait Mozart manger à l'office.

ÉRASTE, souriant.

Ce prince, apparemment, n'aimait pas la musique.

LA MARQUISE.

Il avait tort... envers cette musique-là, du moins.

On rentre dans la salle. Le chef d'orchestre monte au pupitre. Éraste se dispose à prendre congé.

SIR JOHN.

A demain, Éraste.

LA MARQUISE.

Je vous renouvelle, monsieur, mes remercîments.

FABIA, avec une grande bienveillance.

Et moi, monsieur, mes plaintes. Versailles est extrêmement loin d'ici, j'en conviens; mais enfin, ce n'est
pas le bout du monde.

Il sort.

SCÈNE XV.

Pendant l'entr'acte.

AU FOYER.

LYCON, GALIEN, POLYGNOTE.

LYCON.

Ah ! voilà Polygnote.

GALIEN.

Quand Pylade paraît Oreste n'est pas loin !

LYCON.

Pylade, qu'avez-vous fait d'Oreste ?

POLYGNOTE.

Oreste ! mais il est chez vous, monsieur Lycon.

Comme vous sortiez par la porte, il entrait par la fenêtre.

GALIEN.

Il me semblait bien l'avoir aperçu se glissant le long de la muraille.

LYCON.

Et qu'est-ce qu'Oreste, s'il vous plaît, s'en va faire chez moi par la fenêtre?

POLYGNOTE.

Il est allé dire : Belle Marquise, vos beaux yeux, ou vos beaux yeux, belle Marquise, ou... (Quelqu'un le salue, il rend le salut.)

GALIEN.

Qui saluez-vous donc là?

POLYGNOTE.

Antiphron, député interrupteur à l'Assemblée de Versailles. C'est lui qui dit : Allons donc!... A la tribune! Il est six heures!... Je demande le rappel au règlement. C'est intolérable! La clôture!... Bon père, bon époux, jolie fortune, homme agréable, royaliste et myope.

LYCON.

Polygnote, vous tenez des propos. Je vous avertis que je vais avertir la maréchaussée.

POLYGNOTE.

La maréchaussée! ne la dérangez pas! Par Argus, aux cent yeux, ne la dérangez pas! Elle a de la besogne en ce moment. Elle guette sur les grandes routes les coureurs de trône qui veulent détrousser la République.

GALIEN.

Le fait est, Lycon, que c'est l'affaire de la gendar-
merie. Ne la dérangeons pas.

Passe une personne avec laquelle Polygnote échange
encore un salut.

LYCON.

Il connaît Dieu et diable. Qui saluez-vous encore là ?

POLYGNOTE.

Ce n'est pas le diable. C'est Misopolis, également député à l'Assemblée de Versailles.

LYCON.

Vous allez voir que celui-là aussi sera myope !

POLYGNOTE.

Non, il est sourd. Quand ses collègues lui disent :
Voyons, Misopolis, Paris ne peut pourtant pas se passer
d'un homme tel que vous. Allons, un bon mouvement,
rentrons à Paris. — Il réfléchit, et il répond : Le comte
de Paris... sans Monseigneur!... jamais !

Ici Lycon rend un salut à un passant.

GALIEN.

Qui est ce grand monsieur ?

LYCON.

Cæsarion en personne.

GALIEN.

Comme il a le chapeau sur l'oreille !

POLYGNOTE.

C'est que les royalistes font ses affaires.

GALIEN.

Ah ça! Polygnote, où vous tenez-vous donc, Éraste et vous? Tous les mercredis d'ordinaire, on vous avait au bout de la lorgnette; mais ce soir, éclipse, et, à votre place, qu'avons-nous pour nous réjouir la vue? Philarque et son neveu!

POLYGNOTE.

Ils y sont encore; non, les voilà.

> Passent Philarque et son neveu avec lesquels Lycon, Galien et Polygnote échangent un salut.

LYCON.

C'est son neveu ce muscadin? Quelle mine étique!

GALIEN.

Fructus belli!

> L'huissier avertit que le rideau se lève. Ils se dirigent vers la salle.

LYCON.

Au fait, où êtes-vous donc placés ce soir, Éraste et vous, qu'on ne vous voit pas?

POLYGNOTE.

Sous le balcon où nous chantons, et agréablement, je vous prie de le croire :

> Peut-on être cruelle
> Avec des yeux si doux!

> Ils disparaissent dans le couloir.

FIN DE L'ACTE DEUXIÈME.

ACTE TROISIÈME.

La scène est à Paris et à Versailles, le 24 février 1872.

SCÈNE I.

A Paris, chez Lycon. — Le boudoir de Fabia. — Dix heures du matin.

FABIA, UNE FEMME DE CHAMBRE.

FABIA, à la femme de chambre qui vient d'achever de l'habiller.

Dites maintenant qu'on m'apporte mon déjeuner.

LA FEMME DE CHAMBRE.

Ici, madame, ou dans la salle à manger?

FABIA.

Ici.

La femme de chambre sort. Entre un domestique portant sur un plateau un déjeuner au thé qu'il sert sur une petite table.

LE DOMESTIQUE.

On n'a pas reçu la lettre que madame attendait; on la montera dès qu'elle arrivera.

FABIA, s'asseyant devant la table.

Qu'on n'y manque pas. Le coupé sera attelé à onze heures précises. Antoine est prévenu?

LE DOMESTIQUE.

Monsieur a donné les ordres. On mettra deux chevaux au coupé et Pierre accompagnera Antoine.

FABIA.

C'est bien.

Entre Lycon. Le domestique sort.

SCÈNE II.

FABIA, LYCON.

LYCON.

Que vous voilà matinale! habillée avant l'aurore!

FABIA.

Vous trouvez que l'aurore n'est pas levée à dix heures?

LYCON.

Cela ne lui arrive pas tous les jours. Mais ce sera donc bien beau et cela commencera donc bien tôt à Versailles que vous prenez à peine le temps de déjeuner?

FABIA.

Sachez que la séance ouvre à midi sonnant, et que Basilidès sait trop son monde pour faire attendre une

seule minute la cour et la ville qui vont aujourd'hui
à Versailles s'étouffer à l'entendre.

LYCON.

Bien mes compliments à la ville et à la cour. Est-il
assez ennuyeux ce bon Basilidès avec son roi, ses rois,
les ancêtres de ses rois, les descendants de ses rois; il
en a plein la bouche !

FABIA.

Il est ennuyeux, mais il est éloquent.

LYCON.

Je n'ai jamais compris que cela allât ensemble.
Enfin !... Et c'est votre protégé Éraste qui vous a envoyé un billet ?

FABIA.

Non pas ! mais vous ne savez donc rien ! ou plutôt
vous n'écoutez rien, car on l'a dit hier devant vous.
C'est Basilidès qui a envoyé à sir John et à la marquise
une tribune où nous serons seuls, tous les quatre, car,
bien entendu, Lucile vient avec sa tante, et d'où nous
verrons et entendrons autant qu'il est possible de voir
et d'entendre.

LYCON.

Ah ! ah ! Et où en est Éraste dans tout cela ? Vous êtes
parvenue à faire donner son congé au neveu de Philarque ; cela m'a brouillé avec l'oncle ; par parenthèse,
je ne vous en sais aucun gré...

FABIA.

Mais non ! mais non ! Philarque ne restera pas
brouillé avec vous. Mettez-vous l'esprit en repos là-
dessus, je m'en charge.

LYCON.

Cela vous regarde. Puisque vous avez fait la pluie, c'est à vous à faire le beau temps. Mais Éraste où en est-il? Il n'y a pas moyen de rester indéfiniment ni lui, ni vous, ni nous dans une position pareille. Voilà six semaines que cela dure!

FABIA.

Six semaines?

LYCON.

Certainement. C'est le 10 janvier, ce fameux jour de la statuette perdue et retrouvée, que vous avez eu à l'Opéra l'art de mettre Amédée dehors et de faire revenir Éraste. En six semaines! on marchait plus vite que cela de mon temps.

FABIA.

De votre temps! de votre temps! Est-ce que de votre temps les républicains se mettaient dans la cervelle d'épouser des filles légitimistes?

LYCON.

Ma foi! non.

FABIA.

Eh bien! il faut, pour arriver à cela, plus de temps qu'il n'en fallait de votre temps. D'ailleurs, il est bien à plaindre! Une quarantaine qui lui permet de voir et d'être vu trois fois la semaine : voilà un amoureux bien malheureux !

UN DOMESTIQUE , annonçant :

Monsieur le docteur!

SCÈNE III.

FABIA, LYCON, GALIEN.

FABIA.

Bonjour, docteur. Ah! que c'est aimable à vous! Vous venez à Versailles, n'est-ce pas? Je vous emmène.

GALIEN.

Non pas, chère dame, non pas. Et mes malades! Je n'aurais qu'à attraper le royalisme à Versailles et à le leur rapporter! D'ailleurs j'ai quelque mauvais pressentiment qui me détourne d'aller à cette séance. N'ai-je pas appris hier que c'était Éraste qui répondrait à Basilidès!

FABIA, vivement.

Vous en êtes sûr?

GALIEN.

Je ne le tiens pas de lui, car il m'évite depuis quatre jours, ainsi que ce traître de Polygnote, et cela n'est pas bon signe. C'est à mon cercle, hier soir, que l'on disait cela. Savez-vous ce dont j'ai peur?

LYCON.

De quoi avez-vous peur, Galien? Contez-nous cela.

GALIEN.

J'ai peur du plus petit et du plus puissant des dieux.

« Amour, tu perdis Troie ! » Vous avez rendu Éraste fou de Lucile.

FABIA.

Comment ! je l'ai rendu fou de Lucile ?

GALIEN.

Certainement, puisque vous la lui avez fait voir. Eh bien ! que va-t-il arriver s'il répond à Basilidès ? C'est facile à prévoir. Pris entre sa passion et ses principes, il composera.

FABIA.

Bon ! bon !

GALIEN.

Enfin, il fera quelque concession aux beaux yeux de l'autre côté de l'eau, c'est immanquable.

FABIA.

Et quand cela serait ?

GALIEN.

Comment ! très-chère dame, quand cela serait ? Mais c'est le jeu le plus téméraire qu'un homme politique, dans sa situation, puisse jouer. Je ne vois que le colosse de Rhodes qui ait essayé de se tenir ainsi sur deux rives, une jambe de ci, une jambe de là, et tout le monde sait qu'à ce jeu-là il s'est cassé les deux jambes.

FABIA.

On a donc dit devant vous que ce serait Éraste qui répondrait ? Je devrais avoir une lettre me fixant là-dessus depuis hier soir. Que je suis contrariée de ne l'avoir pas. Qui donc à votre cercle...

UN DOMESTIQUE, apportant une lettre.

Voici la lettre que sans doute madame attendait.

FABIA, prenant la lettre et regardant l'enveloppe.

Oui, oui ; c'est bien.

Le domestique sort ; Fabia ouvre la lettre, la parcourt rapidement des yeux, et regardant la pendule :

Il n'est que dix heures vingt. J'ai le temps de vous la lire. C'est de Polygnote.

LYCON, s'asseyant et faisant asseoir Galien.

Voyons cela.

FABIA, lisant.

« 23 février 1872, onze heures du soir.

« Madame,

« C'est décidément Éraste qui répondra à Basilidès. Ce n'est pas sans peine qu'après deux jours de pourparlers les réunions de la gauche, du centre gauche et du centre sont parvenues à se mettre d'accord sur son nom.

« Thrasymaque, de l'extrême gauche, inscrit immédiatement après Basilidès, ne voulait pas renoncer à son tour de parole, et il avait déclaré que si la droite se permettait seulement de faire semblant de crier : Vive le roi ! demain à la tribune, il lui réciterait en antistrophe une harangue de pluviôse an 80 à faire trembler les vitres. Tout le monde est intervenu, et Thrasymaque, bien que de mauvaise humeur, a remis à floréal ou prairial sa philippique de pluviôse, ce qui lui donne, ainsi qu'à tout le monde, le temps de la réflexion.

« Restait Menexène du centre gauche, d'aucuns disent même du centre tout court, qui était inscrit encore avant Éraste, et qui parle, dit-on, agréablement et vaguement, ce qui, dans la circonstance, plaisait à beaucoup de monde, lorsque avant hier la discussion ayant tourné à l'aigre et le bruit s'étant répandu que la droite avait décidé de faire charger à fond la République demain 24 par la maison du roi, toute hésitation a cessé, et il a été entendu que ce serait Éraste qui parlerait.

« Thrasymaque et Menexène renonceront successivement en séance à la parole, ce qui amènera naturellement Éraste à la tribune.

« Nous avons passé la soirée d'hier chez sir John, qui est au courant et dans la confidence de tout, comme vous pensez, et là, en *catimini*, autour d'une table à thé, j'ai vu de près et à l'œuvre ce que je n'avais jamais vu, un homme public anglais. Éraste a commencé par exposer à grands traits son projet de discours. Quand il a eu fini, sir John a pris la parole, et, adossé à la cheminée, il a fait à notre ami un *speech* tirant sur la *lecture* que je n'oublierai de ma vie.

« Il a dit en substance, avec le flegme et l'*humour* que vous lui connaissez, que la politique de nivôse, pluviôse et ventôse est une politique de *lunatics* et qu'il faut éviter de ressembler, même de loin, à des *lunatics*; que l'adversaire, lorsqu'il parle, ne doit jamais être interrompu, parce que, ou il raisonne ou il déraisonne; s'il raisonne, c'est pour notre compte; s'il déraisonne, c'est pour le

sien ; que ce qui distingue la république de la monarchie, c'est que sous la monarchie on ne peut pas crier
Vive la République ! tandis que sous la République on
peut crier Vive le roi ! ou Vive l'empereur ! au goût des
personnes, et que c'est une maladresse insigne que
d'altérer si peu que ce soit cette différence essentielle
de la république et de la monarchie ; que lorsque le
révérend Kettledrummle (1) prêchant les puritains qui
venaient de repousser l'armée de Claverhouse, les ex-
horta à n'en pas rester là, il parla comme un puritain,
c'est-à-dire comme un sot; qu'il ne faut pas imiter ce
puritain; qu'il est faux qu'Isaïe, au chapitre XLIXe et
en aucun autre chapitre, lorsqu'il a parlé des fils de
Belzébuth, ait eu en vue les royalistes, et qu'il est incontestable que le révérend Kettledrummle, lorsqu'il a
dit cela, a déraisonné comme un hérétique; qu'il ne
faut pas crier Vive la République! parce que cela ne
sert à rien qu'à effaroucher les oiseaux, mais qu'il faut
pratiquer la République, parce que cela n'effarouche
personne, et qu'avec le temps, si on est sage, cela ras-
surera tout le monde; qu'il faut être sage ; qu'il est de
maxime dans toute espèce de guerre de faire le contraire de ce que l'ennemi désire, par cela seul que l'ennemi le désire, et que le désir visible de la droite étant
de faire perdre la tête à la gauche, ce dont la gauche
doit s'abstenir avant tout, est de perdre la tête; qu'il
faut laisser à la droite le monopole des imprudences et
des provocations, et qu'il ne faut être ni provocateur
ni imprudent, *et cœtera, et cœtera*, le tout répandu à

(1) Dans la scène si connue des *Puritains* de Walter Scott.

titre d'agréments dans une discussion du projet d'Éraste, claire, serrée, vivante et l'une des choses les plus originales que j'aie entendues. Éraste a défendu vivement son projet, ne cédant rien sur quelques points, composant sur plusieurs, et le tout a fini, vers une heure après minuit, par un moyen terme... »

GALIEN.

Je l'aurais parié !

FABIA.

« ..... par un moyen terme dont sir John a paru satisfait.

LYCON.

J'aime mieux cela. Éraste leur en dira encore assez. Je n'ai qu'une crainte, c'est qu'il leur dise tout ce que nous pensons.

GALIEN.

Nous verrons cela demain dans le journal.

FABIA, continuant sa lecture.

« Les mathématiciens de la gauche ont calculé que Basilidès aurait achevé d'anéantir la République un peu avant deux heures. La séance sera certainement suspendue afin de donner aux fidèles le temps d'aller commander un *Te Deum*. Il est convenu que pendant cette suspension de séance la République fera la morte. Puis Éraste, montant à la tribune, lui fera un petit signe ; elle se relèvera tout de suite et toute droite, à l'ébahissement général, et Éraste, la présentant à la Chambre, expliquera comment et pourquoi elle est en vie.

« Sir John n'a rien dit et ne dira rien à la Marquise qui est persuadée que c'est Thrasymaque ou quelqu'un des siens qui doit répondre à Basilidès. Attendez-vous dans votre tribune à un coup de théâtre.

« Nous serons à Memphis…

LYCON.

Memphis?

GALIEN.

Il n'appelle pas autrement Versailles.

LYCON.

Il ne se défera jamais du jargon d'atelier !

FABIA.

« Nous serons à Memphis à l'aube, à l'heure où l'aurore rougit de honte d'éclairer des figures plus innocentes que la sienne, les figures de ces villageois plébiscitaires qui nous ont donné Napoléon III et qui sont capables de nous le rendre. Tandis que ces hommes des champs dont la candeur et la clairvoyance font un contraste si frappant avec la corruption et l'aveuglement d'Athènes porteront au marché les dons d'Isis et du dieu Terme, en chantant les louanges de Napoléon, protecteur de l'agriculture et du sol national, nous irons dans le nome de Montreuil chez Andocidès attendre l'heure de la séance. Andocidès cultive les dahlias, mais comme il est d'Athènes bien qu'il réside à Memphis, il n'a jamais pris pour des dieux les oignons qu'il arrose.

« J'ai une place dans une tribune qui fait face à la vôtre. Ne verrons-nous pas M. Lycon? Le tournoi en vaut la peine. Nous avons croisé hier le docteur. Il était dans son coupé et il allait dare dare. Nous lui avons fait signe, mais il nous aura pris pour des royalistes, et il court encore.

« Nous serons ce soir, Éraste et moi, chez vous à huit heures puisque vous voulez bien de nous. Nous sommes de Sparte et nous tenons le bouclier de la République ; vous nous reverrez dessus ou dessous.

« Je suis, madame, de la plus aimable, de la plus indulgente et maintenant de la mieux informée des femmes,

« Le peintre ordinaire

« POLYGNOTE. »

LYCON.

Hum ! il joue gros jeu aujourd'hui notre ami Éraste. Il faut qu'il sacrifie ou la République ou sa future.

GALIEN.

Je compte bien que ce ne sera pas la République...

Nous n'avons qu'un honneur, il est tant de maîtresses !

FABIA.

Pas comme la sienne !

GALIEN.

C'est vrai, mais enfin...

FABIA.

Onze heures moins le quart... Il faut que je parte.
(Elle sonne.)

Une femme de chambre apporte chapeau, châle, gants et éventail.

LYCON, à la femme de chambre.

Le coupé est prêt ?

LA FEMME DE CHAMBRE.

Oui, monsieur.

FABIA.

Alors, docteur, à ce soir, huit heures; nous comptons sur vous.

GALIEN.

A ce soir.

SCÈNE IV.

La scène est à Versailles. — La salle des séances de l'Assemblée.

DANS UNE TRIBUNE.

LA MARQUISE, SIR JOHN, LUCILE, FABIA.

Il est deux heures moins le quart.

Basilidès descend de la tribune au milieu des applaudissements répétés de la droite et de quelques bancs du centre droit. L'hémicycle se remplit de députés qui entourent l'orateur et qui le félicitent avec effusion et enthousiasme. Des groupes se forment dans les différentes parties de la salle et des conversations animées s'engagent. La séance est suspendue pendant un quart d'heure.

SIR JOHN.

Ah ! voilà Eubule, l'ami d'Aristote et d'Homère.

FABIA.

Où le voyez-vous ?

SIR JOHN.

Là debout, à la droite du banc des ministres.

LUCILE.

A qui parle-t-il donc? Qui est ce monsieur qui l'écoute, les bras croisés, le sourire sur les lèvres, et qui n'a pas l'air plus ému que si Basilidès ne venait de rien dire du tout?

SIR JOHN.

C'est Xénophile, une de mes plus anciennes connaissances.

LA MARQUISE.

Vous vous connaissez, je crois, depuis la Restauration.

SIR JOHN.

Oh ! depuis bien plus longtemps. Nous nous rencontrions déjà en 1305, en pleine Université de Paris, à la porte Saint-Michel. Il y avait là un Irlandais, nommé Duns-Scot, qui venait d'Oxford, grand amateur d'abstractions et qui avait la manie de les prendre pour des réalités. Nous rompions force lances contre lui. Nous voyions aussi à la même époque un Italien, grand, bilieux, maigre, avec des yeux de feu, qui donnait dans les visions de Duns-Scot, et qui se faisait appeler Durante. La première fois qu'ensuite je suis revenu au monde, j'ai appris que notre Italien était devenu immortel sous le diminutif de Dante. Quand on a, comme Xénophile, fréquenté des réaliseurs d'idées pures de la force de ceux-là, il est permis de ne pas tomber des nues en écoutant Basilidès.

LA MARQUISE.

A l'incroyable sang-froid avec lequel vous nous dites ces contes, on jurerait que vous y croyez !

SIR JOHN.

Si j'y crois ! Voulez-vous que je vous dise où j'ai vu les deux autres personnes qui écoutent aussi Eubule ?

LUCILE.

Oui, oui, dites-nous le.

SIR JOHN.

Entre Xénophile et lui, vous voyez Lysias, l'ami de l'instruction forcée, idée qui pour être paradoxale n'en est pas moins juste, car souvent en ce monde pour atteindre le but il faut le dépasser. J'ai connu autrefois Lysias à Alexandrie, au temps de Plotin.

FABIA.

Est-ce aussi dans ce temps-là que vous avez connu M. Casimir Périer ?

SIR JOHN.

Non, c'est à Londres, en 1740. Lui et les siens étaient déjà des Wighs déterminés. Je le voyais chez Pulteney, Carteret et Chesterfield. C'était le bon temps des Wighs !

LA MARQUISE.

Ces Wighs qui ont fait la belle besogne de réduire la royauté à rien ?

SIR JOHN.

Le seul état, Marquise, où elle soit bonne à quelque chose.

LA MARQUISE.

Oh ! Hallam's scholar !

SIR JOHN.

Et ce gentilhomme de grande mine, qui passe devant nous, croyez-vous que dans mes pérégrinations antérieures je ne l'aie pas rencontré ? Il était à Ivry, dans l'armée d'Henri IV, tout à côté de Biron.

LA MARQUISE.

C'était le bon côté alors, comme aujourd'hui : car la situation est la même.

SIR JOHN.

Identique, sauf qu'Henri IV manque au rendez-vous.

LA MARQUISE.

Hélas !

La sonnette présidentielle se fait entendre. Les députés regagnent chacun leur banc.

LE PRÉSIDENT.

La parole est à Thrasymaque.

THRASYMAQUE.

J'y renonce ! (Mouvement à droite.)

LE PRÉSIDENT.

J'invite la Chambre au silence. Thrasymaque renonçant à son tour d'inscription, la parole est à Menexène.

MENEXÈNE.

J'y renonce ! (Nouveau mouvement.)

LE PRÉSIDENT,

Alors la parole est à Éraste.

> Bruit. Des colloques animés s'engagent sur quelques
> bancs du centre. Éraste se dirige vers la tribune,
> y monte, et en attendant que le silence se fasse
> cause avec les membres du bureau.
> La Marquise regarde fixement sir John qui reste
> imperturbable. Lucile affecte l'indifférence et
> arrange ses dentelles. Fabia rit derrière l'éven-
> tail.
> Le silence s'établit.

LE PRÉSIDENT, à Éraste.

Vous avez la parole.

SCÈNE V.

ÉRASTE.

« Messieurs,

« L'éloquence transforme tout ce qu'elle touche. En
écoutant Basilidès nous venons d'en avoir une preuve
de plus. Sous cette parole puissante la discussion
jusque-là paisible de la meilleure des formes à donner
à l'administration de nos communes s'est changée en
un débat où les principes rivaux de notre organisation
politique se sont heurtés dans un ciel chargé d'éclairs.
L'orage se déchaînait quand la monarchie, apparaissant
tout à coup, a laissé tomber sur la patrie meurtrie, du

haut de la plus touchante des apothéoses, la manne de l'espérance. (Sourires à gauche, chuchotements à droite.) L'Assemblée se laissant aller au charme d'entendre l'orateur qui l'enlevait à elle-même, a écouté ainsi un discours où l'esprit de la monarchie, après lui avoir été présenté d'abord comme seul capable d'inspirer notre réorganisation communale, lui a été montré ensuite et de proche en proche, comme le seul conseiller à suivre si nous voulons un jour retrouver notre sécurité compromise au dedans et notre grandeur perdue au dehors.

« Messieurs, de ce côté de la Chambre (Montrant la gauche.) où je siége, la dernière chose dont nous ayons à nous étonner, encore moins à nous plaindre, est de voir un principe quel qu'il soit, fût-il notre principe le plus cher, livré aux vents de la controverse. Aussi Basilidès a-t-il été écouté sur nos bancs dans le plus religieux silence. (Une voix au centre droit : C'est vrai !) Nous avons pour nous conduire ainsi des raisons dont, quant à moi, je ne fais nul mystère. Il serait ridicule, à nous les enfants et les partisans du libre examen en tout et partout, de trouver mauvais qu'on discutât le principe de la république, quand la république autorise la discussion de tous les principes. Ensuite, messieurs, il a si peu réussi à l'ancienne monarchie et aux royautés qui ont hérité ou prétendu hériter d'elle depuis le commencement de ce siècle d'interdire la discussion de leur principe, que nous ne voyons pas là un exemple qu'il soit tentant de suivre. Enfin la république ne redoute qu'un danger et ce danger n'est pas d'être discutée, c'est de n'être pas comprise. (Approbation à gauche.)

« Je n'ai pour me faire écouter de vous ni l'autorité

qu'on accorde à l'âge, ni l'ascendant que donne l'art de la parole. Mais j'apporte à cette tribune, à défaut du reste, une conviction profonde et un amour ardent de la liberté et de mon pays. L'orateur éminent auquel je succède m'a rendu d'ailleurs d'une certaine manière ma tâche moins difficile. A mesure que l'on s'élève, on découvre un horizon plus lointain, on respire mieux, on a la tête plus calme, et la modération du jugement augmente avec l'étendue de la pensée. Basilidès a porté le débat sur les hauteurs. Je tâcherai de ne l'en pas faire descendre. Votre bienveillante attention fera le reste.

« Messieurs, lorsque le suffrage universel nous a de tous les points du territoire envoyés siéger à Bordeaux, quel mandat, ou pour employer un mot plus digne des circonstances, quelle mission nous a-t-il donnée? Je serai, je crois, l'interprète fidèle du sentiment de la Chambre si je dis que la voix de la patrie, qui s'éleva alors, aussi douloureuse qu'elle ait pu l'être à aucune époque de notre histoire, de toutes les villes, de tous les villages, de tous les hameaux de la République, fut unanime à nous dire : Allez et pacifiez ; allez et calmez ; allez, relevez, organisez, fondez. Allez, faites la paix, l'ordre, la concorde. Donnez-moi du temps, un peu de temps, le temps de voir clair dans les causes et les conséquences de ce sanglant, de cet effroyable, de cet ignominieux désastre ; allez, et que Dieu vous inspire !

« Est-ce à cet accent de la patrie que le discours que nous venons d'entendre a fait écho ? (Mouvement.) La loyauté des intentions de l'orateur est évidente ; mais dans quel sens ont porté ses paroles, et son discours -il celui d'un patriote ou d'un homme de parti?

« Messieurs, si je ne m'abuse, si je ne rêve tout debout, la forme du gouvernement existant est la République. Or, vous demander de vous inspirer de l'esprit de la monarchie pour rédiger les lois et de préparer ainsi les choses et les hommes à la restauration d'une royauté, est-ce vous demander autre chose que de travailler à une contre-révolution? Et qu'est-ce qu'une contre-révolution? Un homme d'esprit a dit que c'était une révolution. C'est quelque chose encore de plus, messieurs, c'est une révolution qui en contient deux : l'une immédiate, destinée à renverser ce qui existe ; l'autre différée, mais fatale, destinée à le rétablir. (Applaudissements à gauche. — Interruptions à droite.)

BASILIDÈS, de sa place, à Éraste.

Voulez-vous me permettre de dire un mot, un seul mot?...

ÉRASTE.

Parlez.

BASILIDÈS.

Je n'ai point fait appel à l'esprit révolutionnaire. Nous n'existons, nous ne respirons, nous les hommes du droit traditionnel et des franchises nationales, que pour combattre l'esprit révolutionnaire. J'ai montré, je le crois du moins, que pour sortir, avec l'aide de Dieu, du cercle infernal de révolutions dans lequel nous tournons depuis quatre-vingts ans, il fallait réconcilier l'exercice de nos franchises nationales avec le respect du droit légitime, qui est en même temps le droit traditionnel. (Voix nombreuses à droite : C'est cela! C'est cela!) J'ai ajouté que c'est parce que vous êtes sortis de la voie traditionnelle que vous roulez dans l'abîme révolutionnaire. Je n'ai parlé enfin que pour travailler à la réconciliation de la liberté et du droit. (Vive approbation à droite.)

ÉRASTE.

« Je remercie Basilidès de l'explication qu'il veut bien me donner. Elle rassure pleinement ma conscience, car elle me prouve que j'avais parfaitement compris et la lettre et l'esprit de son discours. Ce que vous appelez (Se tournant vers la droite.) le droit traditionnel, c'est le droit de la monarchie, et de la monarchie légitime, car vous n'en reconnaissez pas d'autre. (Signe d'assentiment de Basilidès.) Et moi non plus, messieurs, je m'honore de le dire en passant, je n'imagine pas d'autre monarchie que celle-là qui vaille la peine d'être discutée. (Mouvement à droite.) Ce que vous appelez ensuite nos franchises nationales, c'est ce que d'un mot plus courant, depuis certain événement qui a changé la face du monde en 1789, nous appelons, nous, la liberté, la liberté en tout, partout, pour tous, sous cette seule et unique réserve que la liberté de chacun reposera sur le respect inviolable de la liberté d'autrui. Quand donc du langage légèrement archaïque, permettez-moi cette petite critique de mots, où vous vous exprimez, nous traduisons votre pensée en langue contemporaine, en langue usuelle, dans la langue de tous les jours et de tout le monde, que découvrons-nous? Que vous voulez réconcilier la liberté moderne avec les principes de l'ancienne monarchie. Permettez-moi de vous rappeler d'abord que vos devanciers ont travaillé vainement dix siècles consécutifs à cette œuvre excellente, mais apparemment chimérique, car au bout de ces dix siècles ils n'étaient pas plus avancés que le premier jour. Tellement que la société, à bout de patience, il y a quatre-vingts ans, a fait explosion, et une explosion terrible, entre leurs mains ! Après cela, comment se peut-il que, lorsqu'en République, car je parle dans la supposition que nous sommes en République... (Rires à gauche.) comment se peut-il que lorsqu'en pleine République vous nous proposez de mettre une fois encore la liberté sous la tutelle monarchique, vous puissiez soutenir que vous ne conseillez pas une contre-révolution ? Nous ne sommes pas une académie, nous ne soutenons pas des thèses d'école. Nous sommes une grande assemblée politique, une grande assemblée démocratique issue du suffrage universel ; nous sommes le seul pouvoir debout en ce moment dans notre cher et malheureux pays ; nous sommes investis dans une mesure considérable non-seulement du pouvoir législatif, mais du pouvoir organisant ; les discours qui se prononcent à cette tribune, quand ils ont l'importance et l'éclat de celui de Basilidès, sont lus le lendemain dans toute la France, le surlendemain dans toute l'Europe, et quelqu'un me soutiendra que, dans des circonstances et des conditions pareilles, tenir ici un langage monarchique ne soit pas exciter les esprits à renverser la République? Quand vous parlez à cette tribune, vos amis et vous, comme vous venez d'y parler, vous n'êtes pas de vains discoureurs, vous ne brûlez pas devant l'autel désert d'une monarchie idéale un encens platonique, vous êtes des hommes d'État et au bout de vos paroles il y a la menace d'un acte. Et comme ce que vous désirez ne peut revenir que si la République est égorgée, (Mouvement.)

égorgée encore une fois, pour la troisième fois, ou les mots n'ont plus de sens et je ne m'entends plus moi-même, ou en désaccord flagrant et violent avec la pensée de paix, de concorde et de fondation qui nous a envoyés siéger ici, quand vous nous parlez des mérites de votre tradition et des prétendus droits de votre monarchie légitime, vous poussez le pays, autant qu'il est en vous, à une révolution de plus. (Vive approbation à gauche. — Rumeurs prolongées à droite.)

LE PRÉSIDENT.

Messieurs, faites silence. Toute interruption provoque inévitablement une réplique, et toute réplique écarte l'orateur de la question.

ÉRASTE.

« La question est très-précise et en même temps elle est assez vaste, à la manière dont Basilidès l'a envisagée et m'a donné le droit de l'envisager après lui, pour que je puisse prendre facilement l'engagement de n'en pas sortir.

« Nous ne faisons donc, suivant Basilidès, que reprendre une tradition monarchique malheureusement interrompue, en essayant de rendre un peu de vie publique à nos communes inertes, muettes ou mortes, et nous leur rendrons d'autant plus vite et d'autant mieux cette vie que nous nous inspirerons davantage des principes du droit traditionnel.

« Messieurs, j'ai écouté notre éminent collègue avec la plus religieuse attention, mais j'ai beau tendre les ressorts de mon intelligence, il m'est impossible d'arriver à comprendre, non-seulement en quoi la grande entreprise que nous poursuivons de notre résurrection communale a besoin de s'inspirer des souvenirs de la royauté pour réussir, mais encore comment une· seule de nos libertés municipales serait assurée de vivre si nous voyions reparaître en France une monarchie, fût-elle la monarchie légitime. (Rires approbatifs à gauche.)

« Si on a loué la monarchie avec raison et même avec usure d'une œuvre qui lui soit propre ou, du moins, à laquelle elle ait puissamment concouru, ce n'est pas d'avoir décentralisé les pouvoirs, c'est, au contraire, de les avoir centralisés. Qui ignore cette partie de notre histoire ? Qui ne sait qu'à l'origine ce fut en intervenant dans les démêlés des seigneurs avec les communes que Louis le Gros imagina de vendre à celles-ci à prix d'argent et avec la réserve de les réviser quand il lui plairait, la protection de leurs libertés municipales ? Ses successeurs l'imitèrent, les seigneurs peu à peu disparurent, jusqu'à ce qu'un jour il n'en resta plus qu'un, le seigneur unique, le Roi, qui, légataire ou usurpateur de la puissance féodale, ayant achevé de mettre sous ses pieds toutes les libertés ecclésiastiques, politiques, judiciaires, universitaires, administratives, financières, générales, provinciales, locales de la nation, put dire enfin avec autant d'autorité que d'insolence : L'État, c'est moi !

« Le grand roi, dans le palais duquel, singulière ironie du sort, nous discutons aujourd'hui notre loi de décentralisation, le grand roi a passé son règne, je ne dis rien que personne ne sache, à poursuivre tant qu'il l'a pu, jusqu'au fond du plus humble hameau, la liberté communale. C'est lui qui porta le dernier coup au système électif; c'est lui qui s'attribua le droit, — où le prenait-il? — de nommer les maires et de les nommer à vie. C'est lui qui créa les charges municipales, qui les érigea en titres d'offices et qui les vendit. Ce fut lui qui inventa de rendre tous les emplois municipaux, même subalternes, vénaux et héréditaires. Pas une province, pas une ville n'échappèrent à cette tyrannie et à cette fiscalité. La Provence, la Bourgogne, la Bretagne essayèrent d'y résister. Vains efforts! Tout ce qu'il y avait de grand en France aida le roi et ses intendants à spolier ainsi la nation, et à Dijon on vit le grand Condé, le grand Condé, messieurs, employer misérablement sa vieillesse à éteindre avec les dernières protestations des communes le dernier souffle de l'esprit public.

« Les patriotes, il y en avait dans ce temps plus qu'on ne pense, ne purent que gémir. Quelques hommes de génie, du vivant même de Louis XIV, furent pour la postérité les témoins discrets, mais d'autant plus éloquents qu'ils étaient plus contenus, de cette agonie des libertés nationales, et deux ou trois pages de Fénelon et de d'Aguesseau ont survécu, qui ont consacré à l'immortalité la protestation des victimes et le crime des spoliateurs.

« Je lisais hier l'*Esprit des Lois*. J'y suis tombé sur cette phrase qui, me transportant à un demi-siècle après la mort de Louis XIV, m'a montré dans une vive image et vous montrera, messieurs, à vous-mêmes, quelles conséquences avait produites dans cet espace de temps la confiscation définitive de toutes nos libertés publiques opérées par cette monarchie dont vous entendiez le panégyrique tout à l'heure. Voici cette phrase, elle est digne de votre audience : « Autrefois chaque village de France était une capitale, il n'y en a aujourd'hui qu'une grande; chaque partie de l'État était un centre de puissance, aujourd'hui tout se rapporte à un centre et ce centre est pour ainsi dire l'État même (1). » (Mouvement prolongé.)

« Le roi s'étant bien décidément déclaré l'ennemi public et à outrance de toute liberté nationale, (Légères rumeurs.) provinciale et municipale, le gant fut relevé. L'esprit public, chassé de partout, de l'Église, des Parlements, des Universités, de l'administration, se réfugia dans le cerveau de trois hommes de génie qui ouvrirent et qui maintinrent, ouverts, vivants et parlants pendant tout le dernier siècle, les États-Généraux proscrits par le roi, de la pensée et de la liberté humaine... (Rumeurs diverses et prolongées. — Interruptions).

ANTIPHRON.

C'est de la satire ! On méconnaît le génie et le cœur de nos rois ! (Approbation à droite; rires ironiques à gauche.)

CÆSARION.

Et de l'Empereur ! (Hilarité sur un grand nombre de bancs.)

MISOPOLIS, avec animation.

Et la Convention et la République, est-ce qu'elles n'ont pas été centralisatrices ! Parlez-nous donc un peu aussi de la République et de la Convention !

LE PRÉSIDENT, agitant sa sonnette.

Faites silence, messieurs !

(1) Livre XXIII, chap. 24.

ÉRASTE.

« Messieurs, je ne puis tout dire à la fois. Je ne fais point la satire des rois, quoi qu'ait pu me crier de sa place mon collègue Antiphron ; je ne fais que rappeler leur histoire, et je ne suis homme à méconnaître ni leurs intentions quand elles ont été bonnes, ni leur génie quand ils en ont eu. Je sais, comme mon collègue, que saint Louis et Henri IV feront toujours honneur à l'humanité. Je sais également que Louis XIV avait reçu de la nature les dons les plus rares, et que c'est à l'emploi tour à tour utile et funeste qu'il en a fait, qu'il a dû, fortune unique dans les temps modernes, d'être pendant un demi-siècle l'arbitre bon et mauvais de la civilisation. Mais je sais aussi, que la Chambre m'excuse de faire devant elle jusqu'au bout mes preuves d'érudition, que la nation a fait de grandes, de très-grandes choses sous les rois, sans les rois et en dépit des rois, et comme nous représentons ici, non pas les rois, mais la nation, je vous demande la permission de parler pour la nation, et non pas pour les rois. (Nouvelle interruption à droite. — Plusieurs voix avec véhémence à gauche : Silence donc !)

ÉRASTE, s'échauffant et du ton d'un homme qui va perdre patience.

« Mon Dieu, messieurs, à prendre l'histoire comme on est en train de nous la peindre dans certains discours et de nous la raconter dans certains livres, je ne désespère pas de voir venir le jour où nous serons tenus de croire que la *Déclaration des droits de l'homme* a été méditée par le Régent et ses convives après boire, que ces entretiens recueillis par le duc de Bourbon ont été remis à Louis XV qui les aura donné à mettre en ordre à Maupeou et à Terray, et que ce manuscrit enfin, confié par Louis XVI à son grand maître des cérémonies, le matin de la séance du Jeu de Paume, fut remis solennellement par celui-ci, à titre de charte octroyée, à l'Assemblée constituante... (Rires approbatifs à gauche, au centre gauche et sur les bancs d'une bonne partie du centre. — Violente explosion de murmures à droite.)

LE PRÉSIDENT, à la droite.

Votre orateur a pu, sous la République, faire librement l'éloge de la monarchie; tolérez, sous la République, la libre défense de la République. (Rires approbatifs sur un grand nombre de bancs.) J'invite l'orateur à ne pas répondre aux interruptions et à s'abstenir de toute parole irritante.

ÉRASTE.

« Quand je dis que la monarchie, nécessairement hostile à toute décentralisation, est, par là même, l'ennemie née du développement des libertés publiques, ces libertés dussent-elles ne s'exercer que dans l'humble enceinte d'une mairie, j'ai pour moi le témoignage de toute notre histoire, et quand j'en conclus que revenir, quand ce ne serait qu'en pensée, aux traditions de la monarchie, c'est tourner le dos à la liberté, j'ai pour moi la logique et le bon sens. (Agitation.)

« On croit détruire ce raisonnement en me rappelant ce qu'a fait la Convention et ce qu'ont fait, après elle, les soi-disant démocrates, ses imitateurs.

« Bien que les interruptions n'aient pas été précisément inventées pour aider un orateur à suivre le fil de son discours, (On rit.) je remercierai pourtant Misopolis de m'avoir adressé celle-ci. Elle me fournit l'occasion de nous expliquer, mes amis et moi, d'une manière très-nette sur certaines compromissions historiques ou contemporaines pour lesquelles nous avons, nous républicains, une aversion profonde et que nos adversaires, après m'avoir entendu, ne se donneront plus, je l'espère, le tort de nous imputer.

« Est-il quelqu'un, aujourd'hui, ayant un peu de philosophie dans l'esprit et un peu d'histoire dans la mémoire, qui prenne Robespierre pour un républicain ? (Mouvement à droite.) Robespierre républicain, messieurs ! il l'était à peu près autant que Louis XI était roi constitutionnel. Et ainsi de tous les jacobins, sous quelques noms qu'ils se succèdent; ainsi, dis-je, de tous les jacobins qui ont suivi, qui suivent encore ses maximes et qui renouvellent ses pratiques. La République a horreur, entendez bien le mot, messieurs, je vous prie, je dis horreur, de tous les soi-disant républicains pour lesquels la démocratie est un fief, le gouvernement un majorat et la République une propriété privée. (Très-bien, très-bien, sur un grand nombre de bancs.) Les républicains tiennent tout juste en estime égale la loi des suspects et la révocation de l'édit de Nantes, (Mouvement à droite.) la loi des otages et les lettres de cachet, les auto-da-fé et les massacres de prêtres, les oppresseurs de la pensée, de la tribune et de la presse, qu'ils aient un chapeau à panache ou qu'ils aient un bonnet rouge, les despotes et les terroristes, enfin, au nom de quelque soi-disant principe qu'ils exercent la terreur. La République, dis-je, a horreur de ces gens-là, quelque figure qu'ils fassent et sous quelque habit qu'ils paraissent dans le monde, car elle est la vieille et constante amie du genre humain, et eux, ils en sont l'opprobre ! (Vive et longue approbation à gauche et au centre gauche.)

MISOPOLIS.

A la bonne heure ! (On rit.)

ÉRASTE.

« Eh bien ! messieurs, que faisons-nous ici en faisant une loi de décentralisation ? Nous faisons une loi dont n'ont jamais voulu entendre parler ni les jacobins, ni les rois. Savez-vous ce que cela me prouve ? C'est que nous sommes en république, véritablement en république. (Rires et mouvements divers.)

ANTIPHRON.

Autant dire tout de suite que nous sommes des républicains sans le savoir et sans le vouloir, ce qui revient à dire : que nous ne savons ni ce que nous faisons ni ce que nous voulons. (Exclamations et marques d'impatience sur un grand nombre de bancs. Voix nombreuses : N'interrompez pas, n'interrompez pas !)

ÉRASTE.

« Mon Dieu, mon collègue, l'essentiel est que nous fassions des lois républicaines ; la République a l'esprit large, elle ne demandera pas d'où elles lui seront venues pourvu qu'elles lui arrivent. Je n'accepte pourtant pas, messieurs, l'interruption d'Antiphron sous la forme qu'il a cru devoir lui donner, car elle me mettrait en flagrant délit de manque de respect envers l'Assemblée. Ce qu'il y a de vrai dans cette interruption et ce que j'en accepte, c'est que dans les temps de révolution il arrive fort souvent aux hommes, et aux hommes les plus éclairés, qu'ils agissent seuls ou qu'ils agissent réunis, de faire des choses non-seulement auxquelles ils ne pensaient pas, mais contraires à leurs intentions. C'est que sous la force majeure des événements, dans les temps profondément troublés comme ceux où nous sommes, dans ces époques de transition où les cris d'agonie du vieux monde se confondent douloureux et indiscernables avec les cris d'enfantement du monde nouveau, c'est, dis-je, que dans ces crises profondes les hommes ne sont souvent que les instruments de ce grand artisan des grands changements humains qu'on appelle Dieu. Et tenez, en ce moment, il y a deux grands, deux très-grands personnages sur la scène, l'empereur d'Allemagne et le prince de Bismarck. Regardez-les agir, croyez-vous qu'ils fassent précisément ce qu'ils veulent faire? Pour moi, je n'en crois rien, et à mes yeux ils justifient, eux aussi à leur tour, cette parole célèbre : « Ceux qui gouvernent font plus ou moins qu'ils ne pensent, et il n'y a point de puissance humaine qui ne serve malgré elle à d'autres desseins que les siens (1). »

« L'empereur et le prince croyaient-ils, l'année dernière, établir la République en France? Ils l'ont fait cependant. Mon collègue Antiphron, il ne se plaindra pas que je le mette en médiocre compagnie, n'est pas plus républicain que le roi de Prusse, (On rit.) et pourtant, messieurs, lui aussi, il fait autre chose que ce qu'il désire, quelque chose de contraire à ses intentions

(1) Bossuet.

monarchiques, car il fait avec nous, quelquefois même plus ardemment que beaucoup d'entre nous, une loi profondément et sainement républicaine, si elle est bien conçue et bien écrite, une loi de décentralisation. (Mouvements divers.)

« Je viens de dire, messieurs, que la loi dont nous délibérons serait excellente à la condition d'être bien écrite. Je dois maintenant dire à la Chambre, et cela me met au cœur même de la question, dans quel esprit le texte de cette loi doit, à mon avis, être rédigé pour qu'elle remplisse son but et pour qu'elle ne le dépasse pas.

« Dans ce débat périlleux, car la loi qui en sortira peut être excessive ou insuffisante, les uns ne veulent faire faire à l'esprit de centralisation que des concessions sans vertu, les autres lui demandent le sacrifice de son principe. Le salut, dans cette question, ne serait-il pas où il est dans toutes les difficultés sociales et poliques, c'est-à-dire dans un certain tempérament à prendre entre les opinions opposées?

« Que veut dire ce mot un peu effrayant, si on le prend à la lettre, de décentraliser? Veut-il dire détruire ou abandonner (Mouvement à droite.) le centre de l'État? Cela reviendrait à mettre en pièces notre homogénéité nationale et notre unité politique. Ne touchons pas à cela! (Très-bien, sur un grand nombre de bancs.) Ou bien ne veut-il dire, alors il est bien timide, et dans les circonstances où nous sommes, être timide, c'est être peu prudent, ou bien donc ne veut-il dire que donner un peu de jeu aux freins de fer de la centralisation monarchique en les graissant ou en les desserrant? Cela reviendrait à continuer les errements de la royauté en fait, tout en ayant l'air de rompre avec eux en paroles.

« On ne peut assurément pas distinguer d'une manière absolue la politique et l'administration, car elles ont de nombreux points de contact et souvent elles se trouvent mêlées.

« Voici pourtant quelques bornes fixes que, ce me semble, on peut poser.

« Quelle que soit la forme de l'État, le gouvernement devra toujours garder dans ses mains une partie considérable de l'administration du pays et il devra toujours avoir les yeux sur le reste.

« Au gouvernement et au gouvernement seul appartiennent le soin du maintien de l'ordre au dedans et de l'indépendance au dehors. Cela donne au gouvernement sans conteste, le ministère de l'intérieur, la police générale qui en dépend, le ministère des affaires étrangères, les finances, l'armée et la marine.

« Que reste-t-il alors à la nation laissée à la liberté de la vie publique sous l'unique réserve du contrôle qu'a le droit d'exercer partout l'État pour que personne n'empiète sur ses devoirs et sur sa responsabilité? Il lui reste, messieurs, un champ immense, où toutes les facultés, toute l'initiative, tout le génie, tout le dévouement des simples citoyens peut trouver, pour le plus grand avantage commun, une carrière indéfinie. Ce champ que les rois, par leur odieuse et maladroite ingérance dans tout ce qui ne les regardait pas, ont réduit en friche, permettez-moi de vous en montrer l'étendue.

« Les rois ont mis la main sur le clergé, sur la magistrature, sur l'Université, sur l'administration provinciale, départementale, communale. Ils se sont arrogé le droit de nommer des évêques, des magistrats, des professeurs, des conseillers de préfecture et des maires, et ils sont arrivés à réaliser ainsi l'idéal de la confusion des pouvoirs.

« Messieurs, si le clergé catholique, ne faisant d'ailleurs que suivre l'exemple que lui donnent avec l'autorisation de la loi, le clergé israélite et le clergé protestant, élisait à lui tout seul, sans que le gouvernement prît la peine de s'en mêler, ses curés, ses chanoines et ses évêques, quel mal y verriez-vous?

« Si les magistrats se recrutaient entre eux par voie d'élection, sous certaines conditions par eux consenties de grade, de stage et de durée de service, depuis le juge du plus humble des tribunaux de première instance jusqu'au président de la Cour de cassation, qu'est-ce que cela aurait d'anarchique?

« Si l'Université se partageait en universités, dirigées chacune par un recteur, sans doute, mais qui chacune aussi seraient libres dans le rayon de leur territoire de recruter leur personnel et d'organiser leur enseignement à leur guise, croyez-vous que les ombres irritées de Ramus, de Cujas, de Rollin, de Cuvier, de Cousin reviendraient vous en demander vengeance?

« Si, achevant pour l'administration provinciale, ou comme d'autres disent régionale, ce que vous avez heureusement commencé pour l'administration départementale, vous ordonniez que la province ou région formée de plusieurs départements s'administrera elle-même, sauf en ce qui concerne et ce qui intéresse la rentrée et l'usage des deniers publics à rendre compte à l'État, s'élèverait-il la moindre plainte du moindre point du territoire ?

« Si enfin, allant jusqu'au bout, et sans vous préoccuper outre mesure de quelques désordres partiels possibles, en tout cas faciles à réprimer, vous affranchissiez la commune avec la même libéralité que vous auriez affranchi le département, la province, l'Université, la magistrature, le clergé, si vous faisiez cela, qui se lèverait en Europe pour prétendre que vous n'avez pas fait sous une forme hardie en apparence, mais en apparence seulement, une chose éminemment opportune et sage ?

« Quant à moi, je suis persuadé qu'à multiplier ainsi les centres administratifs, sauf à les enfermer de par la loi et à les contenir de par le gouvernement dans des cercles d'attributions définies, bien loin d'affaiblir l'autorité politique centrale, vous l'aurez fortifiée, car vous l'aurez dégagée. En même temps vous aurez relevé la nation en reportant l'indépendance, la pensée, l'activité, la vie, dans tous ces cadres sociaux, aujourd'hui inertes, dans tous ces cadres territoriaux aujourd'hui sans mouvement, où les rois ont porté la servitude, la servilité et la mort. (Applaudissements à gauche. — Agitation à droite.)

« Quand vous aurez dans chacun de ces centres secondaires rendus à la vie, à la grande vie ecclésiastique, judiciaire, universitaire, académique, administrative, un général, un préfet, un procureur général, un recteur d'Université nommé par vous, vous aurez évidemment concentré sur les points stratégiques du territoire tous les éléments actifs et vigilants nécessaires à la représentation et au maintien de l'unité politique.

« Je sais bien qu'il y aura des conflits. Les évêques, voire même les curés, prétendront s'immiscer dans l'instruction publique; quelques professeurs, des jeunes gens demanderont la fin des dogmes, (On rit.) quelques jeunes magistrats même pourront ne pas distinguer toujours d'une manière exacte ce qui est du judiciaire et ce qui est du politique, enfin vous aurez des conseils généraux et provinciaux qui vous donneront très-certainement des avis s'il vous survient quelque difficulté avec l'empereur du Maroc; (Hilarité.) mais, messieurs, si vous, les représentants, les gardiens, je dis les gardiens bienveillants envers les personnes, mais jaloux du maintién des principes, vous apprenez à tout le monde à respecter la division des pouvoirs en enjoignant à vos généraux, à vos préfets, à vos procureurs généraux, à vos recteurs, de donner hautement, imperturbablement l'exemple de ce respect, soyez sûrs que dans peu d'années, ce pays si vif, si prime-sautier, si impatient des bornes, mais si intelligent de son propre intérêt quand on le lui a clairement et honnêtement expliqué, soyez sûrs, dis-je, qu'avant peu de temps, d'un bout à l'autre de la République, vous aurez été compris et vous serez suivis! (Approbation à gauche.)

« Ce grand et nécessaire changement dans nos mœurs administratives et politiques s'opérera-t-il indifféremment que la République existe ou qu'elle n'existe plus? (Mouvement.)

« Messieurs, si je ne tenais à vous donner qu'une démonstration logique et historique de la vérité des prin cipes que je soutiens, je pourrais à l'instant même descendre de la tribune, car je crois cette démonstration faite ; mais Basilidès a porté la question sur un autre terrain, et vous me reprocheriez de ne pas l'y suivre. Notre éminent collègue, avec une bienveillance pleine d'euphémismes pour les fautes des rois, avait rejeté ces fautes dans l'ombre ; ma franchise républicaine a été les y chercher et les a rapportées en pleine lumière. Mais ce n'est que la moitié de la tâche que Basilidès m'a imposée, car vous montrant dans l'avenir la monarchie ressuscitée, il vous a assuré que de cette fois, cette fois sans faute, messieurs, sans être le moins du monde infidèle à ses traditions, la monarchie vous donnerait cette décentralisation dont dans tout son passé elle a été la plus irréconciliable ennemie.

« Eh bien, faisons une hypothèse, une hypothèse terrible, car je ne sais en vérité quelles aventures nouvelles attendent notre grand et malheureux pays si elle se réalise, supposons... Dieu puissant! Dieu juste! Dieu clément, écarte ce présage!... supposons que les rois reviennent. (Agitation.)

« Des monarchies qui nous menacent la seule qui mérite que l'on discute avec elle, car du moins celle-là s'abrite sous le semblant d'un principe, est la monarchie dite légitime ; c'est cette monarchie, vous la connaissez tous, qui se présente au peuple comme ayant un droit héréditaire à le gouverner. Ce droit, elle l'avoue, a été méconnu par l'esprit de rébellion, mais elle prétend qu'il est imprescriptible.

« De quel privilége excipent au tribunal de la souveraineté nationale ces singuliers candidats à la succession de la souveraineté nationale. (Protestation à droite. — A gauche : Écoutez! Écoutez!) Ce privilége est double : il se décompose en privilége du sang et en privilége divin.

« Ceux de nos adversaires politiques avec qui nous avons le regret d'être trop souvent en dissentiment, nous permettront-ils de manifester la profonde surprise que nous éprouvons à leur voir invoquer en plein dix-neuvième siècle le prétendu droit du sang? Pour moi, messieurs, quand j'ai retrouvé dans le discours de Basilidès la trace discrète, mais non équivoque, de cette étonnante revendication, quand j'ai entendu, comme vous tous, notre éminent collègue nous dire, si ce ne sont exactement ses termes, c'en est au moins le sens : il peut y avoir dans le sang des rois, il y a dans leur sang, par un bienfait du ciel, une transmission de qualités bienveillantes et paternelles, d'amour jaloux du pays dans lequel ils sont nés...; quand j'ai entendu ces paroles, j'ai été confondu.

« Et quel étonnement, en effet, messieurs, que de voir, que d'entendre des hommes d'un esprit aussi relevé que ceux de votre parti, faire cette confusion grossière, passez-moi le mot, je vais le justifier, de l'intelligence et de la vie! Comment! à une époque où d'autres légitimistes, les légitimistes de la matière, s'efforcent de nous prouver que l'homme descend du singe et entassent sophismes sur sophismes, facéties sur facéties, pour arriver à nous démontrer que la pensée n'est qu'une sécrétion du cerveau et la liberté qu'un phénomène de gravitation animale, c'est cette époque que les légitimistes de la monarchie choisissent pour nous parler, pour oser nous parler encore des droits du sang! Des hommes d'un spiritualisme toujours recherché, quelquefois raffiné, des chrétiens, que dis-je? des catholiques, s'en vont chercher dans la transmission de mâle en mâle des globules du sang d'un homme la légitimité de la transmission de ses qualités morales et intellectuelles, et ce sont eux qui nous disent non plus seulement que le génie vient du cerveau et la vertu du sang, mais que le génie et la vertu passent d'homme en homme avec le sang! Où sommes-nous! Qu'est-ce que cela veut dire, et qui ose ainsi faire litière de la science, de l'histoire, de la morale et de l'intelligence publique? (Agitation à droite.)

« On argumente de la naissance d'un grand homme dans une famille pour revendiquer au profit de tous les descendants de ce grand homme un droit dit du sang, à l'hérédité des fonctions royales que son génie lui a fait conférer. Une thèse pareille peut se soutenir avec quelque chance de succès chez les Samoïèdes ou à Tombouctou, mais à Paris... (Hilarité.) excusez-moi, messieurs, à Versailles, (Nouvelle hilarité.) à Versailles, dis-je, depuis la séance du Jeu de Paume, au moins, (Mouvement.) cette thèse est insoutenable.

« Le grand homme est un accident dans sa famille aussi bien que dans l'humanité, et il n'y a pas de privilége physiologique établi par Dieu en faveur de ce grand homme et des siens qui fasse fléchir ou plutôt qui bouleverse au profit de ceux-ci la loi des destinées. Le grand homme, comme tous les autres hommes, reçoit et transmet la vie, il ne reçoit et il ne transmet rien de plus. Il n'a, lui non plus, d'autres ancêtres que des ancêtres physiques; il n'a, lui non plus, d'autres descendants que des descendants physiques. Il disparaît comme il est venu, tout entier. Cela s'est vu, invariablement vu jusqu'ici dans les familles royales comme dans toutes les autres : les rois de génie n'ont eu ni père, ni fils de qui ils aient reçu, auxquels ils aient laissé leur génie.

« Nous avons deux monarchies légitimes, ou se disant telles, en compétition en ce moment en France. (Réclamations à droite.)

CÆSARION.

Certainement il y en a deux ! (On rit.)

ÉRASTE.

« Ces deux monarchies ont pour fondateur chacune un grand homme. Que devait chacun de ces grands hommes à son père? La vie seulement, et qu'a-t-il transmis à ses descendants ou partagé avec ses consanguins? Seulement encore la vie. Henri IV, ce grand homme, le plus grand des Français, n'avait point eu de devancier, il n'a point eu de successeur. (Réclamation à droite.) J'ignorais, messieurs, que le cardinal de Richelieu fût de la maison de Bourbon. (Hilarité.) Je ne suppose pas non plus que personne soutienne que Napoléon Ier ait dû son génie à son père, et vous savez ce qu'il en a partagé avec ses frères et laissé à ses neveux. (Mouvements divers.)

« Et, en l'an de grâce 1872, un citoyen est exposé à rencontrer à Paris ou à Versailles (Sourires.) un homme lui soutenant que parce qu'il y a quelques générations, un grand homme s'est rencontré dans sa famille et a pris possession du trône, cela lui donne à lui, de par la vertu du sang, parce que quelques gouttes du sang de ce grand homme coulent dans ses veines, parce qu'il a quelque chose de son extérieur, de son teint, de son visage, cela lui donne, dis-je, un privilége à être choisi par le suffrage universel pour exercer un droit héréditaire !

« Messieurs, je discute volontiers ce que je repousse, mais c'est à la condition que je le comprends. Ici, laissez-moi me récuser, je ne discute plus, car je cesse de comprendre.

« Permettez-moi seulement une comparaison familière. Elle expliquera peut-être pourquoi mes amis et moi nous avons l'intelligence si rebelle à entendre ce qu'on peut bien vouloir nous dire quand on nous parle des droits du sang.

« Je suppose qu'un homme se présente à l'administrateur de l'Opéra et lui demande la place de chef d'orchestre. — Qui êtes-vous? demandera l'administrateur; quels sont vos titres? — Qui je suis? Je me nomme Calliclès. Je descends de ce fameux Calliclès, le premier violoniste de son temps et qui n'eut jamais son pareil pour conduire un orchestre ; je le prouverai, si vous le voulez. — Fort bien! nous connaissons, comme tout le monde, Calliclès, votre ancêtre; mais vous, êtes-vous violoniste ? — Qui, moi ? De ma vie je n'ai touché un violon, je ne sais seulement pas lire la musique ; mais mon ancêtre !..... (Hilarité prolongée à laquelle se laisse aller à prendre part une partie des bancs de la droite.)

« Messieurs, je demande pardon à la Chambre d'avoir mis sous cette forme peut-être négligée l'expression de mon opinion. Nos voisins d'outre-Manche, vous le savez, permettent, même au Parlement, cet emploi du langage qu'ils appellent humoristique. Et puis, nous vivons tous sous la loi du suffrage universel. Les discours qui se prononcent ici franchissent cette enceinte. Autrement, à quoi bon des sténographes et des journaux? Ils sont lus par tout ce qui sait lire en France. Chaque orateur est donc excusable de chercher à donner à l'expression de la vérité la forme la plus vive qu'il peut, afin, s'il est possible, qu'elle descende limpide jusque dans l'intelligence la plus humble. (Approbation sur un certain nombre de bancs.)

« Il est vrai qu'on nous objecte que l'étrange raisonnement que je viens de prêter à Calliclès a été, en matière de droit public, tenu longtemps pour excellent par la simplicité du peuple. Mais, messieurs, si le siècle où nous vivons a des qualités, et je lui en crois, quant à moi, quelques-unes, la simplicité en est la moindre. Tout finit, même les abus. Tout meurt, même les préjugés. Celui-ci a régné longtemps; d'accord! à sa faveur, et comme sous son égide, une société, et une très-belle société, a vécu durant des siècles, je n'en disconviens pas; mais dès qu'il a cessé d'être gardé par l'ignorance publique, son prestige a disparu. En ce monde, on peut avec avantage user de tout, même de l'absurde; on ne peut sans péril abuser de rien, pas même de l'absurde.

« J'écarte ce premier point de la discussion et j'aborde l'autre.

« Qu'est-ce donc, messieurs, que le droit divin? A nos yeux, qui apparemment n'auront point été disposés à l'origine pour voir les choses sous l'angle où les royalistes les voient, le droit divin n'est qu'un certain droit conféré par la divinité à quelques mortels personnellement, à l'exclusion de tous les autres, sans en excepter la famille, les ascendants, les collatéraux ou les descendants, s'il s'en trouve, de ces êtres privilégiés.

« Y a-t-il eu dans le monde des individus, nos semblables quant à tout le reste, marqués exceptionnellement de ce sceau divin? Certes, messieurs, il y en a eu, et comme les lois établies par Dieu sont constantes, il n'est pas douteux que le monde en reverra encore. Ces individus extraordinaires apparaissent aux origines, dans les grandes crises, à l'épanouissement des civilisations. L'humanité entière sait leur nom. Ils se survivent indéfiniment à eux-mêmes. L'idiome qu'ils ont parlé a beau être devenu une langue morte, les monuments qu'ils ont élevés ont beau ne subsister qu'en débris, les services qu'ils ont rendus à la civilisation ont beau être inappréciables à l'intelligence inculte du plus grand nombre, peu importe! toute la terre sait et répète les noms sacrés d'Homère, de Platon, d'Hippocrate, de Phidias, de Sophocle, de Démosthènes, d'Hérodote, de Dante, de Raphaël, de Galilée, de Descartes, de Molière, de Shakespeare, de Newton. Qui dispute à ces grands aristocrates naturels le droit et le don incontestablement divins qu'ils avaient reçus de dominer, d'éclairer, d'enchanter les âges? Personne.

« Mais, messieurs, nous voudrions bien que quelqu'un nous montrât l'extravagant qui, parce qu'il descendrait directement et incontestablement de mâle en mâle d'un de ces grands hommes, prétendrait être par cela seul le prince de la poésie, de la philosophie, de l'histoire naturelle, de la sculpture, de l'éloquence, de l'histoire, de la peinture, de l'astronomie de son temps, et je ne m'aventurerai pas beaucoup, je pense, en ajoutant que tout le monde serait, comme nous, très-curieux de voir en face cet homme, lui aussi, dans un autre genre, si extraordinaire.

« Or, messieurs, il a paru, et sans aucun doute il paraîtra encore dans le monde politique des mortels privilégiés semblables à ceux qui ont étonné le monde de la science et de l'art. Ces colosses de la vie publique, colosses disproportionnés trop souvent pour le malheur de leurs contemporains et dont les services coûtent si cher, plus cher souvent qu'ils ne rapportent, la terre les a vus passer, eux aussi, à toutes les époques des grands ébranlements et des grands changements sociaux. Les noms de Cyrus et d'Alexandre, de César et d'Attila, de Charlemagne et de Napoléon, se retrouvent d'un pôle à l'autre sur les lèvres des hommes, de ceux même souvent qui ne savent que d'une manière imparfaite où et quand ils ont vécu. Quand ces créatures fastiques, comme les appelait Chateaubriand, passent, la terre se courbe sous leur passage. Ces êtres supérieurs paraissent à la foule étonnée comme des dieux parmi des mortels. Ils transgressent toutes les lois et on le leur pardonne, car pendant un temps ils sont eux-mêmes la loi. Mais, je vous le demande, à qui précisément cette grâce sublime et révolutionnaire a-t-elle été faite par Celui de qui relèvent tous les empires? Est-ce nommément, personnellement, à ces mystérieux exécuteurs des ordres d'en haut, ou bien est-ce à leur famille et à leur postérité? L'histoire a répondu plusieurs fois et toujours d'une même et bien frappante manière à cette question, et il n'est pas nécessaire d'être un bénédictin pour savoir ce qui est advenu des successeurs de Cyrus et d'Alexandre, des neveux de Césars, des héritiers d'Attila, des fils de Charlemagne, et hier, au milieu de nous, des frères et des neveux de Napoléon.

« Je suis Parisien, messieurs, et à ce titre, j'ai comme tous mes compatriotes un grand fond d'ingénuité. (Hilarité.) Aussi voudrions-nous bien, mes compatriotes et moi, que quelque docteur ès-monarchie dont le séjour des villes n'aurait jamais corrompu la foi ni altéré le jugement, prît la peine de nous expliquer en langue vulgaire, comme il convient d'en user avec des ignorants tels que nous, je voudrais bien, dis-je, que cet ange de l'école royaliste condescendît à nous faire comprendre comment s'il serait ridicule à un homme de se prévaloir de sa descendance, même prouvée, d'Homère pour se dire le prince de la poésie, il ne le serait pas à un autre homme d'arguer de sa consanguinité avec César pour se prétendre le prince des peuples. (Agitation.)

BASILIDÈS.

Je demande la parole. (Sensation.)

ÉRASTE.

« Je sais bien que pour suppléer à l'investiture divine si clairement manifestée par le génie des hommes extraordinaires qui l'apportent en naissant, on a imaginé, chose très-ingénieuse, de sacrer leurs successeurs. C'est ainsi que Charles X reçut à Reims l'onction sainte. C'est ainsi que le prince Louis-Napoléon, un mois à peine après le coup d'État, le 1ᵉʳ janvier 1852, entendit à Notre-Dame, afin de lui tenir provisoirement lieu de sacre, un *Te Deum* solennel où le cantique inspiré de saint Ambroise fut employé par le clergé de la métropole à faire descendre sur le front du parjure la complicité divine. (Sensations diverses.)

« Mais, messieurs, qu'est-ce que la cérémonie de Reims et celle de Notre-Dame ont communiqué à Charles X du génie politique de Henri IV et au prince, depuis empereur Napoléon III, du génie militaire de Napoléon Iᵉʳ? Je crains qu'il faille en conclure qu'il est impie aux hommes de prétendre remplacer le sacre naturel que Dieu seul donne par un sacre artificiel qui ne peut être qu'un sacrilége ou qu'une duperie. (Vive approbation à gauche. — Agitation à droite.)

« Ce sujet est délicat, messieurs; aussi, la dernière chose que je me propose étant de blesser les sentiments d'aucun de mes collègues, je n'insisterai pas. Je me bornerai, rentrant par le plus court chemin dans la question, à vous demander comment il se peut faire que des hommes ayant, ainsi que nous l'avons, la charge redoutable d'assurer la tranquillité du pays et de préparer le retour de sa grandeur, puissent espérer un seul moment obtenir un résultat pareil en remettant de nouveau l'État aux mains d'une monarchie dite légitime?

« D'abord, messieurs, à laquelle de ces deux monarchies nous adresserions-nous, car il y en a deux, puisqu'elles ont été également sacrées, à la monarchie des Bourbons ou à celle des Bonaparte ? Quelle que soit celle qu'une révolution nouvelle aidant, nous puissions être assez malheureux pour revoir, (Mouvements divers.) je mets publiquement un homme sensé et de bonne foi au défi de soutenir que Bonaparte ou Bourbons légitimes puissent faire jamais autre chose en France que ce qu'on les y a toujours vu faire, c'est-à-dire s'opposer au développement des libertés publiques, et par là briser dans les mains de la démocratie le seul instrument à l'aide duquel elle puisse pacifier, organiser, relever la nation. (Réclamations à droite.) Vous me niez cela, messieurs. Que quelqu'un donc de vous monte à cette tribune et qu'il vienne nous démontrer que les ordonnances de Juillet furent des ordonnances de décentralisation et que les décrets du 2 Décembre n'eurent pas pour but et, hélas ! pour résultat de remettre encore une fois la France dans la main, sous les pieds d'un homme ! (Vif assentiment sur un grand nombre de bancs.)

« Mais, vous a dit Basilidès, et nous répètent avec lui tous les royalistes, ce n'est pas la monarchie absolue que nous proposons de ramener, c'est la monarchie constitutionnelle et, cette fois, assise sur de si larges bases et offrant de telles garanties et de stabilité et de liberté, que le jacobinisme seul peut avoir des raisons de la repousser.

« Messieurs, les principes des dynasties légitimes, principes récemment affirmés ou pratiqués avec éclat, écartent, chacun en conviendra ici, les représentants de ces dynasties, de toute candidature sérieuse à la royauté constitutionnelle. M. le comte de Chambord, dans un manifeste qui fait le plus grand honneur à sa loyauté, a déclaré en termes exprès qu'il ne rentrerait jamais qu'avec le drapeau blanc. Or, le drapeau blanc, c'est le drapeau du comte d'Artois, depuis Charles X, c'est le drapeau qui, le 27 juillet 1830, a été opposé au drapeau tricolore, c'est le drapeau sous lequel s'abritaient les ordonnances qui abolissaient la liberté de la presse, et de quelle presse, nous voudrions bien la revoir aujourd'hui cette presse où Chateaubriand, Thiers, Guizot, Mignet, Dubois, Jouffroy, Cousin, Damiron, Augustin Thierry, enseignaient la vraie liberté! Quant à l'autre dynastie légitime, la dynastie des Bonaparte, qui vient de sombrer dans l'épouvantable désastre d'où nous essayons de sortir, je n'imagine pas que personne soutienne qu'elle soit, elle non plus, réconciliable avec la royauté constitutionnelle. Le second Empire n'a offert que le simulacre insultant et funeste de ce genre de royauté. Depuis l'ancien régime pur, l'ancien régime de Napoléon Ier, de Louis XVI, (Mouvement à droite.) de Louis XV, du Régent, de Louis XIV, depuis le régime du bon plaisir et de la formule : « Vous l'aurez pour entendu, » rajeunie par Napoléon III à l'usage de ses ministres, on n'avait pas vu d'aussi audacieuse dérision de la reconnaissance et de l'exercice des libertés publiques. Vous me dispensez d'en faire la preuve, n'est-il pas vrai, messieurs? (Voix nombreuses : (Oui, oui.)

CÆSARION, avec feu.

« J'ai demandé la parole! (On rit.)

ÉRASTE.

« Il faut donc renoncer pour le rétablissement de la

royauté constitutionnelle aux candidats légitimes et se rabattre sur les illégitimes. (Hilarité à gauche.)

« A mesure que j'avance dans ce débat, cela tient pour beaucoup à mon inexpérience de la parole, je n'en doute pas, mais cela tient peut-être un peu aussi aux embarras de la question, à mesure, dis-je, que j'avance dans ce débat, je trouve les mots dans un tel désaccord avec les idées, que la langue par instant me refuse son service. Ici, ce désaccord tourne à la révolte et les choses tombent dans un tel chaos que, le flambeau de la raison à la main, j'ai besoin, pour ne pas m'y perdre, de ne marcher que pas à pas.

« C'est donc une monarchie illégitime qui doit nous rendre le régime constitutionnel. (A droite : Mais non ! mais non ! — Au centre : Mais si ! mais si ! — A gauche : Laissez parler !)

« Messieurs, on assure que nous ne sommes pas en République, bien que nous ayons un président de la République. (On rit.) Mais personne du moins ne conteste que nous soyons en démocratie, et il me semble bien, en effet, que nous y sommes, puisque le suffrage universel, cette loi constitutionnelle des démocraties, existe, et puisque c'est de lui, et de lui seul, que chacun de nous ici tient son existence politique.

« Mais qui dit démocratie dit régime électif, et qui dit monarchie, même illégitime, dit régime héréditaire. Il s'agirait donc, si je comprends bien ce que quelques-uns proposent, de faire élire par le suffrage universel une monarchie héréditaire.

AGRICOLA.

C'est cela ! c'est cela ! (Hilarité.)

ÉRASTE.

« C'est cela ! me crie-t-on; mais qu'est-ce qu'une démocratie qui élit une monarchie héréditaire, sinon une démocratie qui se suicide, puisqu'elle renonce à tout jamais, après l'avoir une seule fois exercé, au droit d'élire son chef ? L'élection par le suffrage universel d'une monarchie héréditaire équivaut évidemment à l'abdication du suffrage universel. Le suffrage universel peut-il commettre cet acte étrange? Assurément, puisqu'il a la toute-puissance du fait, et c'est ainsi qu'il s'est conduit en 1852 quand il a donné au prince Louis-Napoléon le droit de faire une constitution et tout ce qui lui ferait plaisir, et plus récemment, en 1870, lorsqu'il a confirmé au même prince ces singuliers pouvoirs en votant le plébiscite. Mais le suffrage universel, quand il agit ainsi, se conduit-il selon la raison et selon le droit? Selon la raison! Messieurs, c'est à l'histoire et à la fin du second Empire à éclairer là-dessus, s'ils consentent à être éclairés, ceux qui pourraient encore le croire. Selon le droit! De quelle espèce de droit veut-on parler, et où commet-on le nom sacré du droit?

« Dire qu'un homme se donne gratuitement, disait
« avec l'éloquence du bon sens Rousseau (1), c'est dire
« une chose absurde et inconcevable; un tel acte est
« illégitime et nul, par cela seul que celui qui le fait
« n'est pas dans son bon sens. Dire la même chose de
« tout un peuple, c'est supposer un peuple de fous : la
« folie ne fait pas droit. » (Sensation.) Nous avons connu,
messieurs, un certain peuple de fous qui s'est donné

____

(4) *Contrat social,* livre Ier. chap. iv. De l'Esclavage.

ainsi gratuitement et sans droit ; la matinée de Sedan s'est chargée de lui apprendre ce qu'il en coûte. (Long mouvement.)

« D'ailleurs, comment soutenir que le suffrage universel soit la propriété d'une génération ? La liberté est immortelle, nous n'en avons que l'usufruit. S'il nous plaît d'y renoncer pour nous-mêmes, de quel droit y renoncerions-nous pour des êtres qui ne sont pas encore au monde ? Dans ce noble système une génération ne se vend pas seulement elle-même, elle vend ses enfants ! (Vive approbation à gauche.)

« Une monarchie constitutionnelle, en outre, si je ne me trompe, est une monarchie tempérée, c'est-à-dire une monarchie où différentes castes sociales constituées balancent l'autorité royale et arrêtent son pouvoir. Ces castes, qui l'ignore ? existaient autrefois en France : il y avait un clergé grand propriétaire foncier, une noblesse héréditaire, une bourgeoisie jouissant de certains priviléges. Ces trois ordres, de leur vivant, ont-ils pu, Montesquieu lui-même à la fin les éclairant de son génie, arriver à établir en France une monarchie constitutionnelle ? Messieurs, à l'époque où l'auteur de *l'Esprit des Lois* pensait pour tout son siècle et pour la postérité, madame de Pompadour régnait ; elle lui survécut dix ans, et, à sa mort, elle laissa le sceptre constitutionnel à madame Dubarry. Je n'apprendrai rien à personne non plus en ajoutant que, depuis, l'Église féodale, la noblesse héréditaire et la bourgeoisie privilégiée sont mortes dans une certaine nuit très-célèbre, la nuit du 4 août. Or, que demande-t-on aujourd'hui à la démocratie quand on lui demande d'établir une monarchie constitutionnelle ? Serait-ce de ressusciter ces trois ordres, du clergé, de la noblesse et du tiers, seuls capables de faire contre-poids à l'exercice du pouvoir royal ? (Exclamations à droite.) La démocratie est très-puissante, messieurs, mais elle n'a pas reçu d'en haut le don de la résurrection, elle n'a pas reçu surtout le don de ressusciter des classes et des pouvoirs avec l'existence desquels la sienne propre est incompatible. (Nouvelles et vives protestations à droite.)

« Je vous entends, messieurs ; vous ne nous demandez ni miracle ni suicide. Et alors la monarchie constitutionnelle et tempérée que vous nous proposez sera une monarchie dont aucun ordre social ni politique dans l'État n'arrêtera l'arbitraire, une monarchie idéale, une monarchie modèle qui, sans pouvoirs qui la contre-balancent d'une manière efficace, s'arrêtera toujours et juste à point sans jamais outre-passer ses droits, une monarchie qui débarrassera la démocratie, pour son plus grand bien, du soin de se gouverner et de s'administrer elle-même, une monarchie, enfin, comme on n'en a jamais vu, et permettez-moi d'ajouter, car je vais le prouver, comme on n'en verra jamais.

« Nous ne sommes pas timides, en France ; la timidité du moins est le moindre de nos défauts. Nous avons donc essayé, ou plutôt nos devanciers ont essayé, il y a quarante ans, de fonder et de faire vivre une monarchie constitutionnelle dans les singulières conditions que je viens de rappeler, c'est-à-dire sans clergé constitué en corps d'État, sans noblesse héréditaire, sans bourgeoisie à priviléges. Et c'est ainsi qu'est née, le 9 août 1830, cette monarchie, d'autres ont dit cette oligarchie illégitime que l'on a appelée le gouvernement de Juillet.

« C'était un prince avisé et auquel ne manquaient, certes, ni le courage, ni les lumières, ni l'esprit, ni l'expérience des hommes et des choses, que Louis-Philippe. Il avait, en outre, ce qu'il fallait pour plaire à la classe bourgeoise, qui dominait à cette époque, je veux dire un je ne sais quel mélange de ses qualités et de ses défauts. Si bien que les légitimistes, (Se tournant vers la droite.) vos devanciers, messieurs, ne lui en savaient aucun gré ; (On rit.) si bien que les derniers des marquis... les derniers d'alors , (Nouvelle hilarité.) l'appelaient le Louis XIV de la rue Saint-Denis. Le voilà sur le trône sans ordres constitués qui arrêtent son pouvoir. Comment se conduit-il? Dès l'origine, Casimir Périer l'avertit du danger et veut le couvrir et le sauver en l'empêchant de gouverner. Casimir Périer meurt à temps. Quelques mois de plus, il était écarté. (Mouvement.) Plusieurs années passent, le danger croît, il devient considérable. M. Thiers, M. de Rémusat et leurs amis se jettent à la traverse et mettent au jour la fameuse maxime, maxime qui, pratiquée alors, eût sauvé l'État : « Le roi règne, il ne gouverne pas. » Ils sont honnis comme des factieux. Louis-Philippe prend pour premier ministre un homme qui, certes, n'était pas le premier venu, puisque c'était l'auteur de l'*Histoire de la Civilisation en Europe*. M. Guizot et ses amis voyant, eux aussi, est-il besoin de le dire, l'étendue du péril, essaient de tenir dans une position intermédiaire entre les prétentions inconstitutionnelles de la couronne et les aspirations révolutionnaires du peuple. Le roi ne veut pas entendre parler d'être couvert par ses amis les plus dévoués eux-mêmes autrement qu'il ne l'entend. Le flot monte, et, le 24 février 1848, il y a aujourd'hui, messieurs, vingt-quatre ans, jour pour jour, cette royauté finit tout à coup par une des chutes les plus ridicules dont fasse mention l'histoire.

« Et on propose non plus à une oligarchie comme celle de Juillet, mais à une démocratie telle que la démocratie contemporaine de recommencer une telle épreuve ! J'entends qu'il faut se défier de la logique, quand la logique parle toute seule ; j'accorde qu'il est de certaines et bienheureuses inconséquences qui peuvent, ne blessant qu'à demi les principes, permettre de s'abriter, pour un temps, de l'orage, mais quand la logique n'est plus seule à parler, quand elle est d'accord en ce qu'elle dit avec la raison et avec l'expérience, quelle folie de la braver !

« Dans leur aversion pour la République, les partis vont chercher un homme et ils lui disent, lui montrant un escabeau de sapin qu'ils ont magnifiquement recouvert d'une tapisserie de velours : « Viens çà, et assieds-toi sur ce trône ! » L'homme s'assied et se couvre. A l'instant, changeant de posture et de langage, ces faiseurs de rois, ôtant leur chapeau, s'inclinent, il y en a qui vont jusqu'à la génuflexion, et ils ajoutent : — « Sire, vous êtes notre roi, mais il a été stipulé dans une Charte écrite que voici et que nous vous prions de signer et de jurer que vous régnerez, mais que vous ne gouvernerez pas ! » — Qu'à cela ne tienne, dit le roi, — et il signe et jure. Charles X a juré sur l'Évangile. Napoléon III s'est dispensé de cette formalité, mais il a fait en revanche une demi-douzaine de serments; il eût été jusqu'à la douzaine entière, si on eût voulu. Quelques jours après, les ministres constitutionnels arrivent au conseil, mais déjà le visage du prince est changé. Les oripeaux de la fausse grandeur, comme les appelait il y a vingt ans un général illustre, le grand volontaire de **Metz,** (Tous les regards se portent sur le général Changarnier.) entourent le monarque. Sa liste civile, ce mont-de-piété où tant de mendiants vont engager leur indépendance sans pouvoir l'en jamais retirer, sa liste civile lui a fait un monde de créatures. Les compagnons de sa fortune, ses amis du premier degré (Sourires.) ont pris le pas dans la maison. On essaie d'abord de diviser les ministres, en vertu de la maxime : *Divide et Impera.* Si on y parvient, on les éconduit un à un. Sinon, on se décide à les renvoyer tous d'un coup, et le roi, paraissant un jour au conseil avec M. de Calonne, M. de Polignac ou M. de Persigny, dit à ces honnêtes citoyens : Serviteur, messieurs, rentrez dans vos foyers : je règne et je gouverne! (Mouvement.)

« Voilà l'histoire, messieurs, l'histoire de tous les rois de notre siècle, de tous ces rois que personne n'a jamais pu ni conseiller, ni sauver. C'est l'histoire de Napoléon Ier que Cambacérès ni Talleyrand n'ont pu détourner d'entreprendre l'insensée campagne de Moscou; de Charles X que Chateaubriand n'a pu empêcher d'aller se précipiter du haut des tours de Notre-Dame; de Louis-Philippe à qui les amis les plus dévoués de sa dynastie n'ont pu arracher les innocentes réformes parlementaire et électorale; de Napoléon III enfin lui-même que ses conseillers les plus sûrs n'ont pu dissuader de l'expédition du Mexique et de la campagne préparée et conduite comme vous savez, de Sedan.

« Et on nous propose de recommencer encore une fois l'épreuve, et on invite la démocratie à renverser la République pour donner encore une fois au pays des maîtres qui le conduisent de la sorte! A quoi sert l'expérience, la dure, la cruelle expérience, si nous sommes capables de mépriser à ce point ses leçons, et quel peuple, en effet, de fous ne sommes-nous pas, pour répéter l'énergique expression de Rousseau, si après Waterloo, après les journées de Juillet, après le 24 Février, après le 2 Décembre, après Sedan, nous ne sommes pas enfin dégoûtés des royautés et des rois!

« Mais voici que se dresse devant moi la grande objection, l'objection, messieurs, (Se tournant vers la droite.) que tout à l'heure, quand Basilidès l'a majestueusement drapée dans les plis de l'éloquence, vous avez couverte de vos bravos : « Républicaine, la vieille France, la France de saint Louis, la France de Henri IV, la France de Louis XIV? est-ce sérieusement que l'on nous parle quand on nous parle de la sorte! Vains efforts, républicains! les populations sont royalistes. Comptez-vous donc! Vous êtes un contre cent! »

« Messieurs, de quelles populations parle-t-on quand on nous parle de populations royalistes? Je suppose que l'on ne nous parle que de la population ou d'une partie de la population des campagnes, car, quant aux habitants des villes, je crois que le légitimiste le plus hardi lui-même commence à éprouver de grands doutes sur leur fidélité monarchique. Ensuite ce mot de royaliste lui-même prête à l'équivoque. Les populations que vous dites ou que vous croyez attachées à la monarchie sont-elles royalistes ou impérialistes? (Mouvement.) C'est ce que l'éminent collègue auquel je réponds a oublié de nous dire, et en vérité c'est un doute que pour l'avenir de la monarchie légitime, je parle de la vraie, ou du moins de la première en date, celle des Bourbons, Basilidès aurait dû éclaircir. (Rires à gauche.)

« Si vous le permettez, messieurs, j'irai au fond de ce royalisme, resté, à vous en croire, si virginal dans l'âme de certaines populations, et j'examinerai rapidement avec vous, ce que c'est, en réalité, que ce prétendu esprit monarchique qu'on nous peint si respectable et si vivace.

« Au premier rang des royalistes, je rencontre des hommes très-honorables, mais qui ont la singulière idée de se trouver... allez-vous me permettre de risquer le mot à la tribune? je l'espère, car il avait cours dans le meilleur monde sous l'ancienne monarchie, je rencontre des hommes de caractère et de mérite qui se trouvent et au besoin se déclarent encanaillés dans le dix-neuvième siècle. Fi! pouah! quelle cohue! quel mélange! Et comment Dieu a-t-il pu faire cette injure à des gens de leur qualité de les envoyer vivre dans un tel temps! Déjà leurs dévanciers, quand ils virent arriver le tiers, dans cette détestable année de 1789, en eurent le mal de cœur. Mais ce n'était pas assez du tiers, voici maintenant le quart, oui, messieurs, le quart, c'est-à-dire joint au reste, tout le monde. Cela fait-il une existence publique supportable à quelqu'un qui se sent des aïeux? De là une irréconciliabilité, non pas de caste, il n'y en a plus, mais comment dirai-je? de sentiments, d'instincts, de souvenirs, qui est fort bizarre, mais qui toute bizarre qu'elle est n'en constitue pas moins un des embarras, j'allais dire un des dangers de notre situation. Que ces irréconciliables de sentiments permettent à un ami de la démocratie de soumettre à leurs réflexions un beau mot, un grand mot, d'un homme qu'ils n'aiment pas, je le sais, mais dont ils ne peuvent contester le génie, car c'est Voltaire. « Pour mépriser son siècle, a dit Voltaire, il faudrait lui être très-supérieur, mais si on lui était très-supérieur, on ne le mépriserait pas. » Je cherche, messieurs, les hommes tellement supérieurs au dix-neuvième siècle qu'ils puissent le mépriser et je ne les trouve pas; permettez-moi de conclure avec Voltaire que s'ils existaient ils ne le mépriseraient pas. (Approbation sur un grand nombre de bancs.)

« Après les dédaigneux de la démocratie, voici venir une légion de ses adversaires que je vous demanderai la permission de traiter avec moins de cérémonie : c'est cette foule d'individus qui aiment mieux la royauté que la république pour une raison honteuse. Ce sont des gens que j'appellerais volontiers les rentiers de 89. Ils entendent, en effet, jouir et jouir largement et en toute sécurité des bienfaits de la révolution de 89, mais ils entendent aussi ne supporter aucune des charges, voire même aucun des dérangements civiques qu'impose la jouissance de ces bienfaits. Ces individus, trop nombreux, hélas! ne pardonnent pas à la République d'exiger d'eux d'être des hommes, et comme la monarchie les en dispense, alors : vive le roi, ou vive l'empereur ! Cela les affranchit de tout, même de penser. Ce sont eux qu'on a vus et entendus, à la fin du dernier règne, demander, dans le langage extrêmement relevé qui avait cours alors, un gérant qui prît à forfait la conduite des affaires de la maison, c'est-à-dire de la France. Ajoutant le comique au lugubre, ces déshérités de la virilité publique ont été jusqu'à demander, en outre et à mains jointes, que ce gérant fût héréditaire à perpétuité, jusqu'à la consommation des siècles, dans la même famille, la famille de Sedan.

« Vient derrière, enfin, le gros bataillon, et quant à celui-là, je n'en puis parler, quelque mal qu'il ait causé à la République, qu'avec une sympathie et une miséricorde profonde, c'est le bataillon de l'ignorance. Il est innocent, en effet, de tout le mal qu'on lui a fait faire ; les coupables, ce sont ceux qui pendant tant de siècles l'ont laissé, à dessein et par maxime d'État, croupir dans les ténèbres, ce sont les rois ! (Vives dénégations à droite.) Je m'étonne, messieurs, de cette interruption, car je ne dis rien que n'atteste l'histoire. (Nouvelles dénégations du même côté.) Comment, messieurs, vous me contestez que ç'ait été l'une des grandes maximes d'État de la monarchie que vous appelez légitime, do laisser le peuple dans l'ignorance ! Vous êtes en profond dissentiment alors avec un des plus grands hommes de cette monarchie qui un jour, dans je ne sais quelle prévision étrange de la possibilité de la venue du suffrage universel, repoussant cette vision avec horreur, disait : « Ainsi qu'un corps qui aurait des yeux en « toutes ses parties serait monstrueux, de même un

« État le serait-il si tous ses sujets étaient savants. »

UNE VOIX, à droite.

Qui a dit cela?

ÉRASTE.

« Le cardinal de Richelieu (1). (Sensation.) Les deux monarchies légitimes, messieurs, celle des Bourbons et celle des Bonaparte ont été fidèles jusqu'au bout à cette maxime, car c'est à la révolution de Juillet, tout le monde le sait, qu'est due la première loi qu'ait eue la France sur l'instruction primaire, et Napoléon III s'est bien gardé de rien faire pour propager l'application ou étendre les principes de cette loi, cela aurait pu nuire au succès du plébiscite. (Rires approbatifs.)

« Voilà donc les ennemis de la République, les dédaigneux, les indifférents, j'emploie un euphémisme parlementaire, et les ignorants. Leur coalition est redoutable, je le sais; mais si des paroles ses chefs passent aux actes, où cette coalition nous mène-t-elle?

« Elle nous mène tout d'abord et tout droit à la guerre civile. (Voix nombreuses à gauche et au centre gauche : C'est vrai! c'est vrai! — Agitation.)

« Cette guerre civile, messieurs, qui s'allumerait entre nous pour le plus grand plaisir et pour le plus grand profit de l'étranger, car je n'imagine pas que personne suppose aux Prussiens la charité de l'éteindre, (Mouvement.) cette guerre impie entreprise pour l'extermination de la République, serait-elle d'une conduite si aisée et d'une terminaison probable, si rapide, que les plus résolus

(1) Testament politique.

monarchistes ne doivent réfléchir sept fois et sept fois sept fois devant Dieu, leur conscience et la civilisation, avant d'en donner le signal ?

« Basilidès vous a dit que certaines populations étaient royalistes; j'ai montré, je crois avec clarté, quel fond il fallait faire sur la valeur morale de ce royalisme, me sera-t-il permis d'ajouter que certaines populations, en revanche, sont républicaines et certaines populations avec lesquelles il serait insensé de ne pas compter?

« La République est à Paris, messieurs, et à moins d'exterminer Paris, idée qui ne peut entrer que dans la cervelle d'un communiste ou d'un César, vous n'extirperez pas l'esprit républicain de Paris. La République est à Lyon, elle est à Toulon, à Marseille, à Bordeaux, à Nantes, à Brest, à Cherbourg, au Havre. Elle est à Lille et à Toulouse, à Nancy et à Nîmes, à Amiens et à Montpellier. Elle est partout où les populations agglomérées travaillent, lisent et pensent. Elle est partout aussi où elles se souviennent et où elles espèrent. Elle est à Mulhouse, à Strasbourg et à Metz ! (Vive approbation sur un grand nombre de bancs.)

« Cela veut-il dire que la République ne puisse être renversée encore une fois? Je ne prétends pas cela. Dans un temps où la ruse et la force jouent et priment le droit avec tant de hardiesse et de bonheur, ce troisième renversement est possible.

« Le procédé à suivre pour y parvenir est connu ; il a réussi, on peut en user de nouveau, et il peut réussir encore. Ce procédé monarchique au suprême degré, vous le connaissez, messieurs : il consiste à faire un coup d'État, et, le coup fait, à le couvrir devant le peuple par un plébiscite et devant Dieu par un *Te Deum*.

» Il y a une vieille et basse maxime qui depuis les temps historiques n'a cessé de cour en cour, d'être en faveur dans toutes les ruelles, c'est la maxime que la petite morale tue la grande. Maxime commode, car elle est admirablement propre à tuer toute morale, grande ou petite. Parce que cinq ou six géants de l'histoire, de ces êtres comme il ne s'en succède qu'après des intervalles de mille ans, se sont en des temps extraordinaires mis au-dessus des lois, des hommes ordinaires, des hommes comme on en voit partout, portés par quelque vent de fortune, ne doutent pas de revendiquer pour eux ce privilége énorme dont la terre n'a pardonné l'usage qu'à la transcendance du génie. Et c'est ainsi qu'on voit des nains sans mémoire se donner l'air de dire comme ces colosses : Les règles ordinaires ne sont pas faites pour nous!

« C'est ce qui est arrivé le 2 décembre 1851, messieurs; beaucoup de vous, ici présents, s'en peuvent souvenir personnellement, car ils en furent les victimes. La probité vulgaire était de trop petite maison pour le génie de Napoléon III et pour ses compagnons. Deux généraux de promotion récente et jusque-là médiocrement connus, se rencontrèrent pour aider le pseudo-César à renverser la République. Ils devinrent à cette besogne maréchaux de France en une nuit. Des complices d'anciennes aventures à qui il parut aussi que la petite morale n'était bonne qu'à tuer la grande, furent les lieutenants de ces maréchaux. Le tas d'hommes perdus de dettes et de crimes qui se retrouve toujours dans ces mouvements violents pour en tirer profit, fit le corps de bataille. On vit, sous la protection de l'armée, une police sortie on ne sait d'où, se saisir de l'élite de la France, élite revêtue du mandat de représentant du pays par le suffrage universel. M. Thiers fut jeté en prison, et de là hors des frontières comme un malfaiteur. Ainsi il en fut du général Changarnier, ainsi de Lamoricière, de Cavaignac, de Bedeau, de Le Flô, ainsi de M. de Rémusat et de cent autres. M. Molé et le duc de Broglie n'échappèrent à la proscription que par leur âge.

« Après quoi on consulta le peuple. La terreur fut organisée autour des urnes électorales, et le peuple, d'une voix étranglée et hébétée, cria : Vive l'empereur !

« Enfin on alla à Notre-Dame en grande cérémonie ; on y chanta le *Te Deum*, que j'ai eu déjà l'honneur de vous rappeler, et l'Empire fut fait.

« Le programme de cette petite substitution, comme l'appelaient en plaisantant les beaux esprits du 2 Décembre, est de la plus grande simplicité. On retrouverait au besoin d'ailleurs dans les archives du palais de l'Élysée le règlement minutieux du détail des mesures à prendre en semblable occurence. Les royalistes ou impérialistes à qui il plairait d'exécuter de nouveau ce programme, n'auront donc pas la peine de se mettre en frais d'imagination. Quand un plan est parfait et qu'il a montré à l'exécution qu'il était parfait, pourquoi le retoucher? ce serait courir le risque de le gâter.

« Reverrons-nous donc un nouveau 2 décembre ? On le croirait en vérité à entendre les menaces des ennemis de la République. (Rumeurs à droite.) La République y succombera-t-elle de nouveau ? Cela est possible. Tout arrive, ou plutôt, permettez-moi une légère correction à l'adage, tout réarrive en France.

« La République alors redescendra donc dans la tombe dont deux fois on l'aura vue inutilement sortir. Mais, comme l'homme de Pascal, plus grande que ce qui la tuera, elle n'aura plus cette fois comme en 93 le sourire de la pitié, ni comme en 52 le sourire du mépris sur les lèvres. Elle disparaîtra impassible, laissant les survivants à l'ineffable bonheur d'être débarrassés d'elle et de goûter enfin à l'aise les délices de servir un maître. (Bruit.)

« Et qui sera ce maître, messieurs? cela vaut la peine qu'on y regarde.

« Il y a deux légitimités en présence, deux légitimités qui se prévalent, également, du prétendu droit du sang et du prétendu droit divin. La légitimité royaliste, qui revendique, outre l'antiquité de sa tradition, le sacre régénérateur de Reims, et la légitimité impérialiste, qui a pour elle le catéchisme de 1807. De ces deux légitimités, quelle est la bonne? C'est ce qu'il n'appartient pas à un simple républicain de décider. (On rit.) Mais quelle est celle qui, après la guerre civile en question, guerre dont, quant à moi, je n'envisage pas la perspective sans horreur, quelle est celle de ces deux légitimités, qui, la République décidément morte, à supposer qu'on la tue, sera appelée à faire la gloire et la félicité du peuple français?

« Messieurs, la démocratie serait ingrate envers les royalistes si elle ne reconnaissait hautement, publiquement que c'est à eux qu'elle doit le suffrage universel. Sous la Restauration, il est vrai, on eût fort indigné les royalistes si on leur eût proposé ce mode d'élection, car alors ils votaient avec enthousiasme, malgré la patriotique opposition de Royer-Collard, la loi violatrice de la Charte qui rendait la Chambre septennale. Mais, tout le monde sait que sous le gouvernement de Juillet, manquant d'air tout à coup dans les limites d'une loi électorale beaucoup plus large cependant, quelque étroite qu'elle fût encore, que celle qu'ils avaient acclamée sous Louis XVIII, les royalistes se déclarèrent à la tribune, dans les journaux et dans les livres, pour ce qu'ils appelèrent énergiquement et démocratiquement l'appel au peuple.

« Le 24 Février, leur vœu fut exaucé.

« Mais, à leur grande surprise, du fond de ces urnes, d'où ils espéraient voir sortir le nom rajeuni de Henri IV, sortit, pour le malheur public, le nom de Napoléon III.

« Quand la République sera morte, (On rit à gauche.) il faudra de nouveau aller aux urnes et en tirer le nom du prince prédestiné à s'asseoir sur le trône tant de fois écroulé depuis trois quarts de siècle. Quel est le nom qu'amènera le sort? Sera-ce celui de ce prince loyal et pieux que vous avez vu s'envelopper récemment, non sans grandeur, dans les plis du drapeau de Bouvines et d'Ivry? Je ne veux pas me permettre de douter, puisque notre éminent collègue Basilidès l'affirme, de l'esprit monarchique des campagnes; mais quand les paysans français, nos contemporains, s'en vont, après vêpres (Sourires.) deviser, au cabaret, des affaires publiques, est-il bien sûr que ce soit des talents du Béarnais et de la poule au pot qu'ils s'entretiennent? Est-ce un prince de la maison d'Orléans qui tirera le fatal numéro? Ou bien ne pourrait-ce pas être, par quelque nouvelle et infernale trahison de la fortune, Napoléon IV? (Vive approbation à gauche. — Rumeurs prolongées à droite.)

« Messieurs, tant que la République existe, Napoléon IV, pour qui la Chambre ne paraît éprouver nulle tendresse, n'a aucune chance de venir continuer les glorieux errements de Napoléon III; mais la République morte, nous entrerons dans l'inconnu, et comme il s'agira uniquement désormais de tirer au sort dans la grande urne du suffrage universel un des trois noms dynastiques qui se disputent l'amour et la haine des royalistes, je crois qu'il n'est personne qui, dans une telle hypothèse, puisse dire ce qui arrivera. (Agitation.)

« Dans la prévision, une fois acceptée, d'une éventualité pareille, nous sommes tous réduits aux conjectures. Me sera-t-il permis d'exprimer la mienne? La mienne, messieurs, c'est que lorsque luira le jour, le beau jour, le grand jour où la République sera morte, vous verrez se rouvrir et se rouvrir pour ne plus se fermer, non pas l'ère de la monarchie légitime que Charles X a close, non pas l'ère de la monarchie constitutionnelle qui a avorté et avorté sans retour avec l'oligarchie de Juillet, mais l'ère césarienne. (Bruit à droite. —Assentiment énergique à gauche.)

« Nous venons d'assister vingt ans durant au prologue de cette ère. Sous le dernier règne, nous avons eu tous la vision, le pressentiment, l'avant-goût, l'o-

deur, pour emprunter l'expression que n'a pas craint
de risquer dès lors un publiciste catholique, de ce que
serait la suite de ce régime s'il venait à recommencer.

« Ce qui a valu quelque chose en tous les genres sous
le second Empire ne venait pas de lui. C'étaient les
restes de gloires anciennes formées dans d'autres
temps, et qui, avant de disparaître, jetaient un dernier
éclat; c'est ainsi que la chaire, la poésie, les arts, l'histoire, la tribune, la presse, ont produit encore çà et là,
durant cette époque, des œuvres d'un autre âge. Quant
au second Empire lui-même, je ne dirai rien dont les
contemporains ne témoignent et que l'histoire un jour
n'immortalisera, quand je dirai que l'air dans lequel il
était né, où il vivait et où il forçait tout le monde à
naître et à vivre, atrophiait tout, énervait tout, dimi-
nuait tout, corrompait tout. Sous le règne de Napoléon III, les intelligences ont encore plus baissé, s'il est
possible, que les caractères. Les plus virils se sentaient
enfoncer, enfoncer jusqu'à perdre pied dans ce césarisme mou, dissolvant, où la fibre morale s'allongeait,
se détendait, se relâchait jusqu'à n'avoir plus de con-
sistance. D'infâmes échansons versaient gratis l'opium
à la foule. Paris noyé dans des caravanes de nomades
accourus des deux pôles pour y vivre de la vie de Sy-
baris ou de Corinthe, Paris devenu l'amuseur de l'univers, se cherchait et ne se trouvait plus. L'ineptie et
l'ordure avaient envahi tout, le théâtre, le roman, la
presse, les cercles, les salons, le foyer domestique.
Di patrii indigetes, où étiez-vous, que faisiez-vous durant cet âge hébété et sordide ? Vos statues étaient voi-
lées, par dernier reste de la pudeur publique. Un soir,

au bruit du canon, pendant le siége, dans une salle célèbre, on vit la population, revenue à elle, accourir à
vous et à la voix de Corneille redemander ses dieux.
Ils étaient intacts, le ciel en soit béni ! la fange avait
glissé sur les divines images; quelque corrosive qu'elle
fût, elle n'avait pu les altérer. Quel désastre ! Eh bien !
si dur qu'il soit, et si cher qu'il nous coûte, vous le
dirai-je, messieurs? je n'ai pas la force de l'accuser s'il
nous a à jamais débarrassés d'un tel régime et s'il nous
a rendu la France ! (Approbation prolongée sur un grand nombre
de bancs.)

« Mais si ce n'a été là que le prélude, que l'ouverture
d'une ère sinistre, si nous devons encore aller chercher
et trouver au fond des urnes du suffrage universel des
Césars de rencontre que la stupidité et la lâcheté publiques remettront sur le pavois, si Napoléon III doit
avoir des successeurs, messieurs, où allons-nous, jusqu'où descendrons-nous et sous quel régime sans nom
nos enfants seront-ils appelés à vivre ?

« Il n'est pas un être pensant, sous le dernier règne,
qui n'ait eu à la bouche les mots de décadence et de
Bas-Empire. Ces mots étaient dans l'air. Tout le monde,
sous ce régime, sentait, voyait, disait que la France s'en
allait. Voulons-nous la tirer de l'abîme, ou voulons-
nous l'y laisser rouler ?

« Monarchistes, qui croyez rétablir la monarchie sur
les ruines de la République, vous ne rétablirez pas en
France de monarchie au sens où vous l'entendez, car
cela est impossible. Sommes-nous en démocratie, oui
ou non? Oui, puisque le suffrage universel est notre loi
politique et qu'il est hors du pouvoir de qui que ce soit

d'y toucher. Il s'agit donc, pour vous complaire, de faire élire un monarque de la démocratie. Cette absurdité est possible. Les Bonaparte l'ont réalisée et rendue sensible, quand ils ont mis sur leurs monnaies : *République française. — Napoléon, empereur.* C'est ainsi que deux fois la République a péri, la démocratie étant assez vile pour se donner un maître. C'est à ce prix que nous venons de voir régner Napoléon III, empereur, — empereur par la malédiction de Dieu et l'abdication nationale! — Veut-on recommencer? C'est ce qu'on fera sans aucun doute, qu'on le sache ou qu'on l'ignore, si on persiste dans l'étrange idée de vouloir faire gouverner la démocratie par un roi et si l'on y réussit. (Voix nombreuses : C'est évident! — (Bruit sur d'autres bancs.)

« Ce césarisme sans César dont des imprudents provoquent la venue, (Agitation.) ce seul régime monarchique désormais possible, vous donnera-t-il au moins, au prix de la décadence dont il sera l'abominable instrument, le repos, l'ordre, la sécurité, la stabilité que vous cherchez? Il ne vous donnera rien de cela.

« Trois dynasties se disputent la France; ce n'est que l'une des trois, dans la lugubre hypothèse du renversement de la République, qui pourra occuper le trône. Que feront le lendemain les partisans des deux autres dynasties que le sort aura écartées? Il n'est pas difficile de se le représenter. Ils prendront le masque de la République, ils se ligueront avec ce qui restera de républicains, avec ce que la mort et la proscription en aura épargné, et ils ne laisseront pas de relâche à la dynastie victorieuse qu'ils ne l'aient renversée. Et ainsi nous descendrons de Tibère en Caïus, de Caïus en Claude, de

Claude en Vitellius, dans un tourbillon d'aventures et dans une hérédité d'aventuriers

> empressés ardemment
> A qui dévorera ces règnes d'un moment.

« Voilà l'ordre, la stabilité, le repos, que le renversement de la République peut procurer à la France.

« Quant à la grandeur qu'un tel régime de vie publique pourra lui rendre au dehors, vous me dispenserez aisément, je crois, d'en parler. Une nation capable de rouler de la sorte à travers les saturnales de l'anarchie, d'usurpateurs en usurpateurs, ne compte plus. (Long mouvement. — Interruption.)

« La tâche que m'a imposée l'orateur à qui je succède est bien vaste ; cependant si votre bienveillante attention me soutient, mes forces y suffiront, je l'espère, et...

PLUSIEURS VOIX, bientôt imitées par des voix très-nombreuses.

Reposez-vous ! reposez-vous !

LE PRÉSIDENT, après avoir consulté le bureau.

La séance va être suspendue pendant quelques instants.

SCÈNE VI.

Dans la tribune pendant la suspension de la séance.

LA MARQUISE, à demi-voix, à sir John.

C'est la lutte à outrance ; au lieu de se défendre, ils attaquent !

SIR JOHN, à demi-voix aussi.

Ils rendent ce qu'ils ont reçu : invasion pour invasion. Il faut voir maintenant ce qu'il va dire pour justifier la prétention des républicains à gouverner le pays.

LA MARQUISE.

Je l'attends là. (Parlant à double entente et d'un ton auquel sir John ne peut se méprendre.) Ce sera décisif.

FABIA, de son côté, à demi-voix, à Lucile.

Avez-vous envie de revoir les Bonaparte ?

LUCILE, du même ton.

Rien que l'idée me donne le frisson !

FABIA, tout haut.

Ah ! voilà Polygnote !

SIR JOHN.

Où donc ?

FABIA.

Dans la tribune qui fait face à la nôtre.

SIR JOHN, regardant avec la lorgnette.

Oui, ma foi ! comme il a bien mis sa cravate ce matin ! On le prendrait pour un secrétaire d'ambassade.

LA MARQUISE.

Oui, il a un air grave qui ne lui est pas habituel.

FABIA.

Oh ! ne vous fiez pas à sa mine. Entre ce gros monsieur tout épanoui et ce grand monsieur tout sec, je jurerais qu'il se divertit sous cape.

SIR JOHN.

Il a l'air bien solennel, en effet, pour ne pas se moquer sous cet air-là de l'un de ses deux voisins au moins.

FABIA.

Peut-être se moque-t-il des deux. Nous lui ferons conter cela ce soir.

La sonnette présidentielle se fait entendre. Le silence se fait.

LE PRÉSIDENT, à Éraste.

Vous avez la parole.

SCÈNE VII.

ÉRASTE.

« Basilidès vous avait promis avec le retour de la monarchie le rétablissement définitif de l'ordre au dedans et la résurrection de notre grandeur au dehors. J'ai exposé à la Chambre les raisons qui nous portent à penser, mes amis et moi, que la monarchie, sous quelque nom qu'elle reparaisse, ne peut revenir que pour nous rejeter dans l'anarchie et achever notre effacement national.

« Nous pensons, nous républicains, que la République peut seule, et à la seule condition de n'être pas encore une fois trahie, nous rendre cette stabilité et cette grandeur si criminellement compromises par les rois et les empereurs, qui n'ont cessé depuis quatre-vingts ans de se culbuter les uns les autres. Je dois maintenant compte à la Chambre des motifs de cette opinion.

« L'ordre, messieurs, a trois ennemis en France : les partis dynastiques, une certaine faction qui se dit républicaine et qui paraît ignorer que république signifie chose publique, car elle en veut faire sa chose particulière, et la horde socialiste. (Mouvements divers.)

« Aux partis dynastiques, après la démonstration que j'ai faite, de leur radicale impuissance à se concilier entre eux, à se faire accepter de la démocratie et enfin à rien fonder, à ces partis, dis-je, je n'ai plus qu'un mot à dire. La République existe. Elle n'est pas née d'elle-même. Rien ne naît spontanément dans la nature. Elle est l'œuvre de l'aspiration dix fois séculaire d'un grand peuple à son affranchissement social et politique. L'énormité des fautes de l'ancien régime lui a une première fois donné naissance. Étouffée à deux reprises, elle reparaît une troisième, sortant cette fois encore en présence de Dieu et à la face du monde de l'impuissance éclatante du système monarchique à conduire la France. Héritière légitime, si le mot de légitime a jamais eu son vrai sens, c'est bien ici, héritière légitime et dans des circonstances horribles d'un gouvernement qui, aux mains royalistes ou impérialistes, ne cesse depuis trois quarts de siècle de tomber dans le désordre et dans le sang, la République ne demande aux impérialistes et aux royalistes que de la laisser vivre. S'ils sont assez puissants et assez malheureux pour l'en empêcher encore une fois, entre eux et nous, messieurs, que Dieu voie et qu'il juge ! (Mouvement.)

« Quant aux parleurs de démocratie, aux apôtres de dictature et aux coureurs de proconsulats (Sourires.) qui usurpent le nom de républicains et qui le sont à peu près comme les inquisiteurs étaient philosophes, l'aversion universelle qu'ils inspirent à Paris et à la province doit, s'ils ne sont pas tout à fait sourds, leur servir d'avertissement. En tout cas la République est de taille à leur montrer facilement qu'elle n'entend pas supporter la tyrannie des clubs. La France n'est pas plus bonnet rouge que talon rouge. Si facilement oublieuse qu'elle soit, elle se rappelle que rien que dans le premier quart de ce siècle, on a vu tels et tels, acteurs consommés dans l'art de se grimer, débuter dans un bouge en carmagnole, jouer leur rôle en habit noir à la Convention, reparaître en habit brodé sous l'Empire, et n'en être pas moins importants pour cela sous la Restauration, au Palais-Royal et aux Tuileries. La démocratie a grandi depuis et elle s'est instruite. Il est devenu moins aisé de la jouer et surtout de la jouer impunément.

« Quant à la bande atteinte d'hydrophobie politique et sociale qui entend développer la liberté communale en mettant le feu à l'Hôtel-de-Ville, la liberté individuelle en rééditant la loi des otages et la loi des suspects, la liberté politique en insurgeant des masses malheureuses et ignorantes contre le suffrage universel et ses représentants, (Vive approbation.) la liberté de la presse en supprimant les journaux et en égorgeant les journalistes, la liberté religieuse en souillant ou en pillant les églises et en massacrant les prêtres, quant à cette bande, la République s'en charge! (Mouvement.) La République, messieurs, a fait deux fois ses preuves en ce genre, et elle les a faites comme il est hors du pouvoir d'aucune monarchie de le faire. Témoin le général Cavaignac et son compagnon d'armes le général de Lamoricière en juin 1848. Témoin hier, en mai 1871, M. le maréchal Mac-Mahon et ses lieutenants. (Légères rumeurs à droite.) En quel nom, en effet, messieurs, et le général Cavaignac et M. le maréchal Mac-Mahon ont-ils agi avec cette vigueur et ce patriotisme dont la nation leur saura un gré éternel? (Vive approbation.) Ont-ils agi au nom d'un intérêt dynastique ou au nom d'un parti? Ils ont agi au nom du salut public. Mais il n'y a qu'une seule espèce de gouvernement au monde qui puisse opérer ainsi avec cette décision et cette grandeur, sans qu'âme qui vive puisse suspecter ses intentions, ce gouvernement qui dans ces horribles crises est seul capable de tenir si ferme et si haut le drapeau du salut commun, il n'a jamais eu qu'un nom dans la bouche des hommes : c'est la République! (Applaudissements à gauche et au centre gauche.)

« C'est que la République n'est ni un homme ni un parti; c'est que la République, c'est la patrie! (Nouvelle approbation sur les mêmes bancs.)

« Il y a force bonnes gens qui ont une horreur très-respectable des révolutions et qui, pour les conjurer, en sont encore, faute d'avoir pris la peine de lire d'assez près l'histoire, à demander pour gouvernement ce qu'ils appellent, dans un style qui vieillit un peu, une main de fer. (On rit.) Les érudits de ce cercle d'antiquaires ajoutent à l'occasion, à demi-voix et d'un ton sentencieux, que la main de fer seulement doit être gantée de velours. (Nouveaux rires.) Suivent naturellement des doléances sur l'abandon où nous laisse la Providence et sur le besoin urgent, impérieux de l'apparition d'un homme providentiel. Messieurs, je connais un roi qui, s'il le voulait, gouvernerait aisément les hommes d'une main de fer. Ce roi, le Roi des rois et des républiques, c'est Dieu. (Sensation.) Que quelqu'un m'explique donc pourquoi ce maître tout-puissant a donné pour loi providentielle aux mortels la liberté ! (Approbation prolongée à gauche.) Pratiquez cette loi, dirai-je aux âmes faibles à qui la frayeur de l'anarchie fait perdre le sens au point de les jeter dans les bras de la dictature, cette autre et si dangereuse forme de l'anarchie. Pratiquez cette loi, la République par cela seul vivra, et, soyez tranquilles, l'ordre ne courra aucun risque.

« Et pourquoi? C'est que la République, dont la loi est la liberté, a le devoir rigoureux et indispensable de faire toujours, partout et à tout prix respecter l'usage de la liberté par chacun et par tous. Elle n'a pas la main de fer pour cela, mais elle a des lois qui valent mieux. La République dit à chaque citoyen : Tu es libre, indéfiniment libre, en toute carrière et en tout sens, libre jusqu'à ce que, dans l'usage de cette liberté indéfinie, tu rencontres l'exercice du droit égal ou équivalent de ton concitoyen. Si tu attentes à ce droit, prends garde, tu es hors la loi. Si, averti, tu persistes, tu es hors la

Républiqne. Si, là-dessus, tu fais mine seulement, toi ou tes pareils, de lever contre la société le poignard, le fusil ou la torche, la République t'extermine, car elle a la charge de la liberté de chacun et du salut de tous, et comme tu démontres par tes actes que ton existence est incompatible avec celle d'une société libre, c'est à toi évidemment de disparaître et non pas à la société. (Mouvement.)

« L'ordre, j'en réponds, » disait, quelques minutes avant de descendre dans l'histoire, — que l'histoire lui soit légère! — l'Auguste de société secrète sorti de la fatale nuit de Décembre. Prodige de la folie humaine! Un individu disant à toute une société, à une société démocratique : Dormez bien tranquilles, l'ordre j'en réponds! Et vous rappelez-vous, revoyez-vous à travers la sinistre année à peine écoulée depuis, les physionomies béates de cette foule imprévoyante jusqu'à la démence, répétant en chœur d'un ton placide : L'ordre! l'empereur en répond! Comme si dans une démocratie le seul gouvernement qui puisse répondre de l'ordre n'était pas le gouvernement républicain!

« Mais pour que le gouvernement républicain ait sa vertu, le bon sens crie qu'il faut le pratiquer dans sa franchise. A-t-on, en pleine démocratie, assez peu de prudence pour chuchoter seulement des maximes royalistes? on répand dans le pays la surprise, l'anxiété, la colère, la haine et la discorde. Essaie-t-on d'un moyen terme et offre-t-òn aux masses quelque transaction oligarchique? la défiance, les refus de concours, le dédain, l'ironie répondent à ces impuissantes avances. Messieurs, ayons plus de hardiesse, nous aurons plus |de prudence. Puisque la démocratie existe et qu'il n'est au pouvoir de personne de faire qu'elle n'existe pas, ne l'habillons ni en marquise, elle se croirait en carnaval; ni en bourgeoise, elle ferait sous sa carrure craquer ce genre étriqué d'habit; donnons-lui l'ample et noble vêtement qui lui convient, le vêtement aux grands plis, le vêtement de la République! (Vive approbation à gauche.)

« La sûreté à l'heure présente est dans la décision. Hésiter est périlleux, reculer serait mortel. Agissons loyalement, largement, fraternellement. (Une voix ironique à l'extrême droite : Ah! ah!) Oui, fraternellement! Il est un peu long, ce beau mot, je le sais, mais c'est le mot de l'Évangile et de la Révolution, et lorsqu'on est en démocratie, et qu'on ne peut pas ne pas y être, il faut s'habituer à le prononcer et à l'entendre. (Assentiment marqué sur un certain nombre de bancs.)

« Quand aurons-nous, messieurs, une occasion plus héroïque de pratiquer, pour le salut commun, cette fraternité fondatrice de l'ordre et de la liberté? Nous sommes les États-Généraux du pays, États-Généraux comme il ne s'en est jamais réuni d'aussi omnipotents pour le bien, à aucune époque de notre histoire. Nous ne sommes pas, comme nos grands devanciers du quatorzième, du quinzième, du seizième, du dix-septième siècle, des sujets que quelque prince insolent peut convoquer pour leur tirer des hommes et des subsides et les renvoyer ensuite dans leurs sénéchaussées et dans leurs bailliages; nous sommes les continuateurs de cette grande, de cette immortelle assemblée de 1789 qui a décidé ici même, dans cette ville pleine encore de sa parole et de son souvenir, la permanence de la représentation et du gouvernement du peuple. Élus du souverain, la souveraineté nationale respire, parle, agit par la bouche de chacun de nous. Et qu'est-ce que peut vouloir, avant tout, cette souveraineté nationale, je le demande, si ce n'est de se conserver elle-même, universelle, affranchie, intacte, c'est-à-dire républicaine ?

« La République, messieurs, quel ami sensé de l'ordre pourrait la repousser ? C'est la grande décentralisatrice, c'est-à-dire, le mot bien compris, la grande organisatrice du pays. C'est elle qui, par cette loi que nous ébauchons, et que compléteront nos successeurs..... (Rumeurs à droite.)

UNE VOIX à gauche.

Nous ne sommes pas héréditaires ! (On rit.)

ÉRASTE.

« C'est la République qui, décentralisant l'État, c'est-à-dire qui, divisant les pouvoirs, rendra au clergé, à la magistrature, aux universités, aux provinces, leur autonomie et leur génie, et du même coup étouffera l'anarchie née de la confusion de toute autorité, qu'ont opérée les rois pour assurer leur gouvernement personnel. C'est la République qui réconciliera, en agissant ainsi, les provinces et le centre, ce centre si nécessaire à la conservation de l'unité politique et contre lequel, par une erreur étrange, renouvelant la révolte des membres et de l'estomac, on entretient des préventions injustes. (Vives réclamations à droite. — Marques énergiques d'assentiment à gauche et au centre gauche. — Interruption.)

« Ce sujet est pénible et irritant, messieurs ; par déférence pour l'Assemblée, je n'en dirai plus qu'un mot, et encore mettrai-je ce mot sous la protection du poëte. Le poëte a dit avec autant d'autorité que de grâce :

> Iliacos intrà muros peccatur...

mais permettez-moi de rappeler qu'il ajoute :

> et extrà. (Sourires.)

« Réconciliatrice, laissez-nous du moins l'espérer, des villes et des campagnes, la République, franchement et hardiment pratiquée, sera la modératrice des unes et l'éducatrice des autres. Les villes se calmeront d'elles-mêmes quand elles ne craindront plus de voir reparaître un roi ou un empereur; (Agitation.) les campagnes, initiées par vous à la vie publique, appelées, excitées sans cesse par les conseils provinciaux, départementaux, communaux à sortir de leur torpeur sociale, les campagnes vivront d'une existence nouvelle qui profitera, croyez-le bien, à leur moralité autant qu'à leur intelligence. Et ainsi, grâce à la République, l'ordre sera fondé en France; je dis fondé dans le sens littéral du terme, car il reposera sur les assises les plus larges, les plus saines et les plus profondes qui puissent porter l'édifice politique d'une grande société.

« Mais, nous dit-on, qui sera au faîte de cet édifice pour veiller à la conservation de l'ensemble ?

« Messieurs, depuis quatre-vingts ans, la France a essayé de hisser des rois, et des rois proclamés tous et chacun héréditaires, à ce sommet du monument. Vous savez ce qu'ils y font et ce qu'ils y durent.

» La République, parlant la langue du bon sens,

vous propose, puisque vous êtes, et que vous ne pouvez pas ne pas être en démocratie, de substituer à ces rois et à ces empereurs soi-disant héréditaires dont pas un ne parvient à conserver le prétendu héritage de l'autre, de simples présidents électifs dont la magistrature temporaire, d'accord avec l'esprit du reste de nos institutions, protégera tout le monde et n'inquiétera personne.

« L'ignorance et la peur, deux dangereuses conseillères, font croire à un trop grand nombre de personnes, en France, que cela est impossible.

« Gens de peu de foi, crierai-je à ces personnes, de manière que ma voix, franchissant cette enceinte, aille éveiller leur patriotisme et secouer leur intelligence, gens de peu de foi qui doutez qu'un président de République française soit possible, ouvrez les yeux et regardez ce qui se passe et ce que nous voyons presque chaque jour ici !

« Un citoyen entre, il est vrai que c'est un grand citoyen, dans cette assemblée. Il ne nous a jamais dit que le sang d'aucun roi coulât dans ses veines, et il ne se prévaut certes pas du droit divin. Son sang, puisque de sang encore on nous parle, c'est le sang du peuple, d'où il est sorti, obscur, pauvre, mais laborieux et patriote, pour devenir, après cinquante ans de travail, le premier magistrat de son pays. Son droit à être ainsi le premier d'entre nous, il ne le tient que de son dévouement hors ligne à la chose publique et des talents dont le ciel l'a pourvu pour suffire à ce dévouement ; et vous doutez, après cela, que le gouvernement démocratique soit possible ? Il faut bien qu'il soit possible puisqu'il existe, et puisque, dès aujourd'hui, l'histoire a inscrit au livre d'or de la liberté, avec le nom de Thiers, celui du premier des présidents de la République française. (Approbation sympathique sur un grand nombre de bancs.)

« Dieu lui donne longue vie ! (Nouvelle et longue approbation.) Mais quand il s'en ira, je ne doute pas qu'en grand patriote et en grand esprit qu'il est, il ne s'en aille tranquille. Après l'exemple qu'il aura donné, d'autres viendront, d'autres présidents, dis-je,

Il s'en présentera, gardez-vous d'en douter

qui, pleins de son souvenir, aspireront à la pure gloire de continuer ses services. Le sang français, puisque encore un coup on nous force à parler de sang, le sang français n'est ni appauvri ni stérile, et je vous suis garant qu'il vaut à lui tout seul pour faire des présidents autant et peut-être mieux que le sang allemand, le sang espagnol et le sang italien, même mêlés, pour faire des empereurs et des rois. (Exclamations à droite. — Applaudissements à gauche. — Rumeurs diverses.)

« Soyez donc républicains, messieurs; il ne s'agit pour cela que de vouloir l'être. Soyez républicains, la République par cela seul est fondée, et avec elle l'ordre, non pas un ordre factice, imposé, précaire, éphémère, mais l'ordre véritable, l'ordre consenti, l'ordre durable qu'une démocratie organisée et vivante est seule capable d'assurer à chacun par le concours de tous.

« J'ai dit, messieurs, que la République aussi et la République seule nous rendrait notre grandeur nationale. Cette résurrection extérieure de la France est, à notre avis, à mes amis et à moi, la conséquence certaine de notre organisation démocratique intérieure.

« Nous entendons beaucoup parler, beaucoup trop parler, depuis la triste paix que nous venons de subir, de revanche nationale. Cette revanche, sans doute, tout le monde doit l'espérer, et moi j'y crois fermement, mais j'y crois en républicain, c'est-à-dire à des conditions et par des moyens qui ne sont pas précisément celles et ceux que nous entendons trop souvent préconiser.

« Nous avons avant toute autre, une première revanche à prendre, une revanche fondamentale et qui, si nous avons le cœur de la prendre en effet, rendra le reste facile, c'est la revanche envers nous-mêmes. On ne peut tomber moralement plus bas que n'est tombée la France le 2 Décembre. Tout le monde en convient aujourd'hui. (Voix nombreuses : Oui! oui!) L'acquiescement tacite des uns, enthousiaste des autres, donné ce jour-là aux maximes et aux pratiques d'un pareil brigandage (Vif assentiment sur tous les bancs.) accusait dans le gros de la nation une faiblesse du sens politique et une perversion du sens moral dont tout ce que nous avons vu depuis se dérouler de funeste, de sinistre et de honteux n'a été que l'inévitable effet. Quand un peuple met à perdre toutes ses libertés la même gaieté que Charles VII mettait à perdre son royaume, il est déchu du droit de s'estimer lui-même et il est malvenu à demander la considération de l'étranger.

« Nos désastres, à ce grand point de vue de la revanche, nous ont relevés. L'expiation a été terrible, mais elle a eu la bienfaisante vertu qui lui est habituelle,

elle nous a réconcilié avec nous-mêmes : premier pas vers la grande conquête à poursuivre avant tout, la conquête à nouveau de l'estime ébranlée de l'univers. Et comment recouvrerons-nous cette estime, si ce n'est en parvenant, après tant de programmes libéraux et démocratiques, à nous fixer enfin dans la pratique simple, tranquille, patiente, résolue de la vie républicaine, cette vie hors de laquelle démocratie et liberté ne sont évidemment que des mots?

« Si nous faisons cela, si nous rompons enfin avec cette existence de relaps en servitude volontaire qui ne cesse à chaque fois que nous y retombons de nous couvrir de ridicule et de honte, oh! alors, messieurs, je le répète, le reste est facile, et il suivra de soi-même, sans que nous ayons seulement la peine de nous en mêler.

« Le général de Lamoricière a dit un jour à la tribune avec une vérité pittoresque de pensée et de langage : « Dans tous les genres de guerre, il faut garder « les positions qu'on a. »

« Or, messieurs, nous tenons, les uns de grand cœur, les autres en hésitant encore, le reste bon gré mal gré, la position de la République. Cette position est très-forte dans l'état général du monde. Voulez-vous me permettre d'indiquer un moyen de la rendre inexpugnable? Ce moyen est bien simple. Il ne s'agit que d'y rester. (Rires approbatifs et assentiment marqué à gauche et au centre gauche.)

« Nous avons fait de grandes fautes que nous rachetons douloureusement. Mais les peuples nos voisins, et le peuple allemand en particulier, en ont fait de lourdes aussi qu'ils paieront à leur tour, car en politique comme à la guerre il n'y a pas de faute qui reste impunie. Le peuple allemand surtout en a commis une énorme, en ce moment irréparable et qui lui coûtera horriblement cher, la faute de se donner un maître. Il peut nous en croire, nous qui avons commis cette épouvantable bévue avant lui : un peuple, quel qu'il soit, ne joue pas impunément avec les lois de l'équilibre du monde.

« Lorsqu'en 1810 Napoléon Ier décréta que le Weser et l'Elbe étaient des fleuves français, le monde étonné se regarda et dit : Où va-t-il? Lorsque l'année dernière, l'empereur d'Allemagne a décrété que non-seulement le Rhin, mais la Moselle et la Meuse étaient des fleuves allemands, le monde de nouveau s'est regardé et s'est dit : Que veut-il? Personne n'ignore que ce prince, dont Dieu me garde de parler, quelque mal qu'il ait fait à son pays et au mien, qu'avec l'estime qu'inspire toujours l'esprit de patriotisme, même lorsqu'il s'exalte et qu'il s'égare, personne n'ignore, dis-je, que l'empereur d'Allemagne a eu peu de chose à faire pour entraîner les peuples allemands dans cette énorme aventure. Pris, eux aussi à leur tour, de la malsaine ambition de la domination universelle, ils se sont donné un maître, et un maître absolu, comme il en faut un dans ces sortes d'entreprises.

« Les Anglais ont eu, en leur temps, la maladie de la britannisation des mers. On se rappelle l'histoire de ce gentleman qui, se promenant sur la mer Caspienne, goûta l'eau, et la trouvant salée, s'écria : Ceci est anglais! Nous avons eu, nous ensuite, la manie de la francisation européenne. A Dantzick, à Rome, à Madrid, nous avons dit en d'autres temps, frappant le pavé du pied, y traînant même à l'occasion de grands sabres : Ce sol est français !

« C'est le tour des Allemands. L'année dernière, avant la guerre, il s'en est fallu de peu qu'ils déclarassent le Mançanarez un ruisseau germanique. Aujourd'hui, depuis ces triomphes éclatants et trompeurs, que nous avons traversés avant eux, et qui nous ont trompés comme ils les trompent en ce moment, il n'est pas de terre, de cours d'eau ni de mer avoisinant, même à forte distance, l'empire germanique, qui ne soient suspects aux nouveaux dominateurs de l'Europe d'être secrètement allemands. Le plus savant homme connu en géographie et en ethnographie, le docteur Faust, parcourt en ce moment les contrées scandinaves, slaves, maggyares, tchèques, roumaines, illyriennes, croates, tyroliennes, néerlandaises et autres semblables ou voisines, suspectes d'être des alluvions ou des émanations de l'empire, et d'après ses indications, une carte gigantesque se trace avec la patience, la science et l'art qu'y met tout état-major prussien, sur laquelle quelque jour nous verrons se reconstituer, englobant la Baltique, la mer du Nord, le Zuyderzée, l'Escaut, le Danube, les bouches du Cattaro et l'Adige, l'empire continental de Charles-Quint.

« Quand on est craint partout, nous l'avons éprouvé nous aussi, on a des jaloux et des ennemis partout. L'idée de la germanisation de l'Europe inquiète, indigne et soulève l'Europe, comme autrefois l'idée de sa francisation, et personne, de la Vistule à la Moselle, de l'Adige à la Baltique, de la mer du Nord à l'Escaut, de l'Adriatique au Danube, ne respire, à cette idée menaçante, satisfait ni tranquille.

« Ajoutez que de l'autre côté de la Vistule existe une race très-nombreuse elle aussi, brave, fine, versée au moins autant que la chancellerie impériale allemande en géographie et en ethnographie, la race slave, qui ne peut supporter qu'impatiemment cette absorption de l'Europe sous ses yeux et à sa porte. Car, si l'événement se consomme, à qui resteront les clefs de la Baltique et des Dardanelles? Il y a plus d'un siècle que l'Europe prévoit une inévitable descente des Slaves en Occident. Quand la domination universelle allemande sera devenue tout à fait insupportable à l'Europe, comme il y a cinquante ans la domination universelle française, et du train dont vont les choses cela peut tarder moins qu'on ne pense, il est probable que les Slaves prendront occasion du craquement général pour venir voir s'il est vrai, comme on le dit, qu'il y ait toujours des prés sur l'Elbe, des vignes sur le Rhin et du soleil à Erfurth. (Mouvements divers.)

« Messieurs, dans l'éventualité de ces grands chocs si probables, ou pour mieux dire si inévitables, quelle position plus forte pouvons-nous occuper que celle d'une démocratie s'organisant fortement et définitivement en république, s'armant de son mieux pour sa défense, et attendant l'arme au pied que le drame, si visiblement annoncé au livre du Destin, de la transformation de l'Europe commence? En Lorraine et en Alsace, où tout le monde est républicain, (Sensation.) personne ne s'y trompe. La douleur est grande en ces contrées; mais comme l'espérance en la République, je dis en une république forte, sage et expectatrice des événements, est immense, tant que la République existe on ne doute pas et on attend ! (Mouvement.)

« Notre politique extérieure, à nous républicains, est donc, comme vous le voyez, d'une grande simplicité. C'est une politique réparatrice, organisatrice, pacifique, jusqu'au jour où, en dehors de nous, par le seul et inévitable effet de la fermentation des éléments contraires qui agitent l'Europe, celle-ci voulant changer d'état, nous verrons, pourvu que nous soyons un peu constants, un peu patients et un peu sages, nous verrons, dis-je, les uns ou les autres des combattants venir nous demander de jeter dans l'un des plateaux de la balance l'épée dédaignée aujourd'hui, mais qui sera redevenue d'un certain poids alors, du Franc et du Gaulois. (Rumeurs. — Bruits divers. — Légère interruption.)

« L'Assemblée a écouté avec indulgence un long discours. Oserai-je lui demander encore quelques instants d'attention ?

« Basilidès a traité devant vous, en la rattachant avec raison, selon moi, au débat qui nous occupe, la question religieuse. Il l'a fait avec l'ampleur habituelle à sa parole et la gravité qui convient au sujet. Au moment de descendre de la tribune, je n'ai ni la prétention ni l'imprudence de m'engager au loin dans une matière aussi profonde et aussi vaste ; mais je demande à la Chambre la permission de rétablir, au moins à grands traits, dans l'intégrité et dans la pureté de ses lignes, la théorie des rapports de la démocratie et de l'Église, qui nous paraît, à mes amis et à moi, avoir été légèrement altérée dans le discours de notre éminent collègue. (Mouvement d'attention.)

« La question est intérieure et extérieure.

« A l'intérieur, contrairement à ce que beaucoup trop de personnes ou prévenues ou malintentionnées répètent, la démocratie sera, par la seule vertu de son principe, plus favorable à l'Église qu'aucun autre système de gouvernement possible. La démocratie, en effet, donnera ou plutôt rendra au clergé, avec le régime électif qu'il est dans son génie de propager partout, une chose que le clergé ne connaît plus depuis les temps apostoliques : la liberté. (Sensation à droite.) Les rois ont toujours ou opprimé ou soupçonné le clergé. La démocratie n'opprime ni ne soupçonne personne. Elle donne à tous la liberté, à la seule condition de n'en pas faire abus. La République française, messieurs, donnera au clergé catholique le droit, qui n'a été jusqu'ici que parcimonieusement et ombrageusement accordé par les rois au clergé israélite et au clergé protestant, elle lui donnera le droit d'élire ses évêques, ses chanoines, ses curés; elle affranchira ce clergé de la domesticité politique, odieuse et funeste, à laquelle, depuis tant de siècles, le pouvoir royal l'a réduit. La démocratie sait ce que c'est que ce grand personnage social qu'on appelle un prêtre catholique. Elle lui demande de ne pas plus se défier d'elle qu'elle ne se défie de lui. A ce prix l'alliance est faite, alliance durable et féconde; car du jour où le peuple ne suspectera plus le prêtre de quelque commerce secret avec César, ils se reconnaîtront tous les deux, et aux premiers mots qu'ils prononceront, aux mots de Liberté, Égalité, Fraternité, ils verront qu'ils parlent la même langue. (Mouvements divers. — Approbation marquée sur un certain nombre de bancs de la droite et de la gauche.)

« Je sais bien que l'on prétend, non pas ici, il y a trop de lumières dans cette Chambre pour que de pareilles idées y aient cours, mais enfin on prétend ailleurs que la démocratie de sa nature est libre penseuse et irréligieuse, et à entendre beaucoup de gens, la libre pensée et l'irréligion seraient entrées dans le monde le 21 septembre 1792.

« Qu'il me soit permis d'abord de rappeler, du haut de cette tribune dont l'écho porte loin, que Calvin, Socin, Luther, Henri VIII, Jean Huss, Mahomet et Arius ne sont pas des personnages de la Révolution française. (Rires approbatifs.) L'esprit de schisme, l'esprit d'examen, l'esprit d'incrédulité sont indépendants de toutes les formes politiques, c'est une maxime qu'il suffit d'énoncer pour que chacun l'avoue. Mais je crois que de toutes les sortes d'État, celui où l'irréligion, à raison même de la liberté absolue qui lui est donnée d'exposer ses maximes, est le moins à craindre, c'est l'État démocratique. (Interruption à droite.) C'est que, messieurs, dans toute société démocratique, chacun ayant le droit, dans tous les ordres de la pensée et de l'activité humaine, de se porter jusqu'aux extrêmes, l'épreuve de l'imprudence qu'il y a à le faire est si parlante, que le besoin de garder la mesure et d'observer la loi, afin de rester en équilibre, devient le besoin universel. (Léger mouvement à l'extrême gauche.)

« Je sais qu'en parlant comme je viens de le faire, je tends à me séparer sur un point grave de quelques-uns de mes amis politiques, mais ils m'estimeraient moins, j'en suis sûr, si disant librement ce qui m'est commun avec eux, je ne disais pas avec la même franchise et jusqu'au bout, sur quels points, à mon grand regret, nous sommes en désaccord.

« La liberté de penser en matière de religion est absolue, et elle va dans l'étendue presque illimitée de son exercice possible, de la liberté de la superstition à la liberté de l'athéisme. Je conviens encore, avec mes amis, qu'il y a toujours eu et que par conséquent il y aura vraisemblablement toujours des hommes qui n'ont jamais connu et qui ne connaîtront jamais d'autre sanctuaire que leur conscience, temple exclusivement personnel où l'autel, le fidèle et le prêtre ne font qu'un. Mais si je sais cela, je sais aussi que la sagesse antique, sagesse qui a été aux prises avant nous avec les hasards de la démocratie, avait pour devise : « La philosophie est l'amie des dogmes (1), » maxime qu'un homme d'État (2), grand philosophe, si grand qu'il est l'un des rénovateurs de l'esprit humain, a traduite ou retrouvée de génie, quand il a dit, pour l'instruction de tous les hommes publics à venir : « Un peu de philosophie éloigne de la religion, beaucoup y ramène. » Or, à moins de devenir à son tour persécutrice, de persécutée qu'elle a été si longtemps, la démocratie doit non-seulement tolérer, mais protéger toutes les manifestations de l'esprit religieux, depuis les plus négatives jusqu'aux plus dogmatiques ; car elle se couvrirait de honte et de

(1) Φιλόμυθος ὁ φιλόσοφος
(2) Bacon.

ridicule si elle se mettait à inquiéter les croyants pour le plaisir des incrédules.

« Le christianisme, tout le monde en convient, est la plus belle religion que la terre ait vue, et le catholicisme, tout le monde en convient aussi, tout le monde au moins des penseurs, est la plus compréhensive et la plus magnifique des formes que le christianisme ait revêtues. (Vive approbation à droite.) Le catholicisme est puissant, je le sais, et il a eu longtemps, non par sa faute, de royales attaches et de despotiques connivences, mais la démocratie n'a pas peur de lui, s'il se met enfin à n'avoir pas peur d'elle. (Mouvements divers. — Assentiment marqué au centre gauche.)

« L'expérience, d'ailleurs, messieurs, a prononcé. Regardez les États-Unis. La liberté illimitée de l'irréligion y vit sous la protection égale des lois avec la libertée illimitée de la religion. Du christianisme le plus pur à l'immonde matérialisme des Mormons, les Américains ont tout toléré en matière religieuse ou irréligieuse. Qu'est-il arrivé? Que s'il est un pays où les diocèses catholiques aient été depuis quelques années se multipliant, c'est l'Amérique. (Mouvement à droite.) Et la liberté politique en a-t-elle souffert? Regardez. L'Europe en est encore à balbutier des principes de vie publique dont la pratique pour les États-Unis est comme une chose de nature.

« Mais la question aussi est extérieure, et c'est surtout à ce point de vue que la recherche de sa solution a fait le tourment des meilleurs esprits et des plus grandes âmes.

« Eh bien! messieurs, la démocratie la possède cette solution. (Bruits divers.) Elle est très-claire en théorie. Pour qu'elle devienne décisive dans la pratique, il suffit de l'avis de bon nombre de mes amis et du mien, que l'on veuille bien de chaque côté se rendre exactement compte de ce que c'est qu'être catholique et de ce que c'est qu'être républicain.

« L'école révolutionnaire qui au dernier siècle a dans le monde de la pensée tout poussé à l'excès, a prétendu que le catholique a deux patries et qu'il lui est impossible d'être croyant et patriote. C'est une erreur. Le catholique a bien deux patries, en effet, sous le régime monarchique, car il est tout ensemble sujet d'un roi et sujet du pape, mais sous le régime démocratique, l'antinomie disparaît, car l'ex-sujet du roi est un citoyen. (Mouvement.)

« J'accorderai, tant qu'il le voudra, au catholique le plus orthodoxe, qu'il est deux cités, une cité céleste et une cité terrestre. Je lui accorderai, en outre, sans songer à élever avec lui la moindre controverse, que le pape est le chef visible de la cité céleste. Mais si ce catholique, en revanche, veut bien m'accorder qu'il est une cité terrestre, notre cité natale et nationale, envers laquelle nous avons des devoirs qui, pour n'être que de ce monde, n'en sont pas moins des devoirs, et de grands devoirs; si ce catholique veut bien, dans la vie de ce monde, consentir à s'élever de la basse condition de sujet d'un prince, à celle de citoyen d'une République, alors, messieurs, la séparation du temporel et du spirituel est faite, et le problème est résolu. (C'est vrai! c'est vrai! sur un certain nombre de bancs.)

« Cela n'est pas de la théorie pure, messieurs. A nos portes, en Suisse, de l'autre côté de la Manche, sous une monarchie nominale, qui se réduit de plus en plus à l'état de république, de l'autre côté de l'Atlantique enfin, cette théorie n'est que la représentation exacte de ce qui se passe. En Suisse, en Angleterre, aux États-Unis, le catholique romain, sujet spirituel du pape, et d'un pape déclaré par le dernier concile infaillible, est en même temps le citoyen temporel le plus libre du monde.

« Mais, dira quelqu'un, ce n'est que la moitié du problème; la papauté est une monarchie non pas seulement dans l'ordre spirituel, ce qui va de soi, mais dans l'ordre temporel. Le pape est roi dans l'un et l'autre monde. Comment une démocratie purement laïque, et chez laquelle la liberté illimitée des consciences et des cultes est de droit commun, pourra-t-elle arriver jamais à régler ses rapports avec une monarchie d'un tel caractère? Nous ne diminuons pas l'objection, messieurs, vous nous rendrez cette justice, c'est que nous n'avons aucun dessein de l'éluder, celle-là non plus qu'aucune autre.

Nous pourrions nous prévaloir de ce que la papauté est une monarchie élective et il nous serait aisé de montrer qu'une démocratie qui donne au clergé le droit de nommer ses dignitaires est plus près du système de gouvernement papal qu'une royauté qui s'arroge ridiculement le droit de désigner des évêques, mais cette affinité pourrait sembler spécieuse, et nous ne sommes pas en des temps où la subtilité soit de mise.

« Je négligerai cette dispute, qui est plutôt d'école que de tribune, et venant à la considération des faits, je dis des faits les plus indubitablement contemporains et les plus irrécusablement visibles et tangibles, je demanderai à tout catholique de bonne foi, s'il lui semble que la papauté désormais ait quoi que ce soit de bon à attendre des rois? (Légère agitation à droite.) Le sultan est le pontife d'une religion dans laquelle on tient non pas seulement le catholicisme, mais le christianisme, c'est-à-dire la croyance à la divinité de Jésus pour la plus basse des superstitions. Le czar, l'empereur d'Allemagne, la reine d'Angleterre, sont les chefs de religions schismatiques qui enseignent avant tout à regarder le pape comme un usurpateur. Restent les monarchies espagnole et autrichienne; que peuvent-elles faire pour le pape?

« Il y avait bien une monarchie très-catholique qui, pour toutes sortes de bonnes raisons, aurait dû, ce semble, rester éminemment papale : c'est la monarchie de Savoie, aujourd'hui reine d'Italie et même d'Espagne. (Sourires.) Tandis que nous avions un million d'Allemands sur les bras, qu'a fait le roi d'Italie, notre allié? (Hilarité.) Il est allé bravement à Rome prendre possession d'une lieutenance que je n'ai pas ouï dire que ni le Sacré-Collége ni le monde catholique lui aient offerte, la lieutenance temporelle de la papauté. (Nombreux rires approbatifs.)

« Voilà la situation actuelle de la papauté vis-à-vis

des rois, messieurs. Il nous semble, à mes amis et à moi,
qu'elle parle.

« Cette situation est-elle aussi nouvelle qu'elle le
semble? Non, et tous ici nous le savons bien. La papauté, qui l'ignore? a toujours été en guerre avec les
rois. Et quelle est la raison profonde de cette guerre
qui dure depuis saint Pierre? C'est que les rois ont
toujours voulu faire du peuple une chose et du monde
un bois, et que les papes dans tous les temps ont
essayé de s'y opposer. (Approbation marquée sur un grand
nombre de bancs.)

« Regardez le pape actuel, ce Pie IX, dont la figure
restera une des plus originales, des plus respectables et
des plus touchantes de l'histoire de la papauté. Qu'a-t-il
fait pendant ses vingt-cinq ans de pontificat, si ce n'est
après tout de lutter contre les rois? Dans l'ordre
spirituel, c'est un prêtre du treizième siècle. (Léger mouvement à droite.) Je ne le diminue pas, messieurs, en lui
reconnaissant la foi de saint Louis et la théologie de
saint Thomas d'Aquin. (Approbation sur plusieurs bancs.
Mais ce même homme dans l'ordre temporel a été, le
monde entier le sait, un des plus hardis novateurs qui
se soient jamais rencontrés à Rome. C'est lui qui, en
1848, a essayé, qui ne lui en est respectueusement reconnaissant? c'est lui qui a tenté avec le courageux et
infortuné Rossi l'audacieuse entreprise de séparer dans
Rome même le temporel du spirituel, en disant aux
Romains : « Sujets d'une monarchie céleste, montrez-
« vous dignes, la religion ne s'y oppose pas, loin de
« là, montrez-vous dignes d'être en même temps les
« citoyens d'un État libre! »

« Le malentendu vingt fois séculaire qui n'a cessé de diviser l'Église et l'État vient donc des rois, qui ont toujours eu intérêt à l'entretenir au détriment des peuples. La démocratie, messieurs, est capable de faire cesser ce malentendu. C'est une considération qui doit rendre au moins circonspect vis-à-vis d'elle tout ce qui, dans le monde catholique, voit que l'ancien régime n'en peut plus et qu'une société nouvelle se forme sous l'évangélique et républicaine devise : Dieu et la Liberté ! (Nombreuses marques d'approbation à gauche et au centre gauche.)

« Devant une telle perspective, quel patriote ne se sentirait l'âme rassérénée et enhardie ? quel citoyen hésiterait à faire à la poursuite en commun d'un pareil avenir le sacrifice de cet esprit de discorde et de ruine que l'on appelle l'esprit de parti ?

« L'union est-elle donc si difficile ? et au lieu de faire de la République une arène ouverte au déchaînement de toutes les ambitions et de toutes les convoitises, ne pouvons-nous la laisser ce qu'elle est, la chose publique, c'est-à-dire la chose que personne n'a le droit ni d'aliéner ni d'usurper, puisqu'elle est le bien de tous ?

« Union ! c'est le cri que pousse tout ce qui a quelque patriotisme, quelque clairvoyance, quelque bon sens. Union ! union ! répètent tous les échos de la France, partout où l'on y vit pour la patrie et pour la liberté ! Et ce ne sont pas les seuls vivants qui jettent ce grand cri de salut ; prêtez l'oreille, messieurs, vous l'entendrez sortir aussi des tombeaux.

« Je vous atteste, soldats de tout rang, de toute fortune, de toute opinion, soldats nos frères et nos amis, héros de la défense nationale qui êtes tombés, sur tant de points par vous défendus pied à pied du territoire envahi, vous tous qui dormez sous les tombes encore fraîches de Reischoffen et de Villersexel, de Gravelotte et de Champigny, de Coulmiers et de Bapaume, de Bazeilles et de Nuits, de Sedan et de Montretout, je vous atteste, vous qui ne vous êtes battus ni pour un parti, ni pour une dynastie, ni pour un homme, vous qui vous êtes battus et qui êtes morts pour la grande chose publique, je vous atteste ! Réveillez-vous, levez-vous, reparaissez une heure parmi nous dans votre union sacrée du patriotisme et de la mort, et venez faire honte aux vivants des divisions impies qui les détournent de travailler à la tâche que vous leur avez léguée, la tâche de la régénération et de la conservation de la France !

« La postérité, messieurs, viendra pour tous les Français contemporains que la tempête a jetés sur ce roc, battu des flots, il est vrai, mais élevé, large et solide, que l'on appelle la République. Craignons de l'abandonner ; craignons, si par un malheur que je ne veux pas prévoir, le monde nous voyait lâcher pied (Mouvement.) une troisième fois, craignons que les générations futures, courbées alors et sans retour sous l'infâme bât de quelque Claude ou de quelque Augustule, ne se retournent vers nous avec douleur, avec mépris et qu'elles ne disent : Ils avaient la République, ils pouvaient la garder, la pacifier, l'organiser, la fonder ; ils le pouvaient pour le salut du monde ; ils le pouvaient, ils ne l'ont pas voulu ! » (Approbation prolongée à gauche et au centre gauche.)

Éraste descend de la tribune et revient à son banc. Il est entouré par un grand nombre de ses collègues. L'agitation qui se produit dans l'Assemblée détermine une interruption de la séance de quelques minutes. Puis la sonnette présidentielle se fait entendre.

LE PRÉSIDENT.

La parole est à Cæsarion.

Cæsarion se dirige vers la tribune et en monte rapidement l'escalier. — Exclamations. Tumulte. — Quelques voix : La clôture ! — Non ! non ! Si ! si ! — Voix de plus en plus nombreuses dans toutes les parties de la salle : A demain ! à demain ! — Le président consulte la Chambre. A une forte majorité, la discussion est renvoyée au lendemain. — La séance est levée.

SCÈNE VIII.

A la grille de la place d'Armes à Versailles. Le landau de la Marquise, le coupé de Fabia.

Arrivent Sir John donnant le bras à la Marquise, puis Fabia et Lucile.

FABIA, à la Marquise.

J'emmène Lucile, n'est-ce pas ? Nous vous retrouverons chez vous.

LA MARQUISE,

C'est cela! et partez devant. Votre fringant attelage s'ennuierait à nous suivre.

Fabia et Lucile montent dans le coupé; puis la Marquise et Sir John dans le landau.

SCÈNE IX.

Sur la route de Versailles à Paris. Dans le landau de la Marquise.

LA MARQUISE, SIR JOHN.

LA MARQUISE.

Pour quelle part êtes-vous dans ce discours?

SIR JOHN.

Pour tout ce qui en a été retranché, Marquise.

LA MARQUISE.

Ce n'est pas beaucoup.

SIR JOHN.

Pardonnez-moi, c'est considérable. Si vous aviez entendu le projet!...

LA MARQUISE.

Le projet était encore de plus haute saveur?

SIR JOHN.

Il était ce qu'il devait être de la part d'un homme
exaspéré, comme il serait indécent qu'il ne le fût pas à
son âge, de l'incroyable conduite de la droite. En vérité, Marquise, le moindre de nos jacobites était un
Walpole ou un Pitt en comparaison de Basilidès.

LA MARQUISE.

Vous êtes sévère ; je conviens pourtant que Basilidès
a des manque de mémoire et des juvénilités d'impro-
visation qui font peine. Mais enfin Éraste, avec l'incontestable talent qu'il possède et un sang-froid à se maî-
triser à la tribune que je ne lui soupçonnais pas, aurait
pu réfléchir, après vos observations surtout, puisque
vous lui avez fait des observations, qu'il vaut mieux
rester un peu en deçà qu'aller un peu au delà.

SIR JOHN.

Voulez-vous que je vous le dise, Marquise ? Eh bien !
mon vieux sang bout dans mes veines quand j'entends
les orateurs ou quand je lis les publicistes de votre
droite. Cela ne devrait pas me regarder, je suis Anglais.
Mais j'aime la France, ce pays inconcevable de fous et
de héros. J'aime ses bonds de lion démesurés, après lesquels il lui faut de longs et dangereux repos ou de terribles aventures pour se remettre. J'aime ce pays qui se
complaît dans les extrémités de la fortune. Et savez-
vous ce qui m'a attaché à Éraste, quand je l'ai rencontré à Rome promenant sa mère mourante? C'est cette
nature de son pays qui parle si franchement en lui,
nature dont sa mère avait peur et avait tort d'avoir

peur, car il vaut mieux être téméraire ainsi que timide comme d'autres. Vos royalistes! Mais leur conduite nous confond en Angleterre! Comment! ils sont les principaux du pays, et ils ne comprennent pas l'occasion unique qu'ils ont de devenir le grand séminaire politique de la République!

LA MARQUISE.

D'accord. Je gémis de cet aveuglement plus que vous; mais dans une situation pareille, savez-vous qu'il est effrayant de voir quels amis Éraste a derrière lui. Avez-vous remarqué les visages de l'extrême gauche, et même de la gauche, tant qu'a duré la charge à fond qu'il a faite contre la monarchie! Le démon de la *furia fran- cese* était en croupe derrière lui pendant qu'il parlait. Je ne sais s'il a tort ou raison. Dieu le sait. Mais il a d'étranges amis.

SIR JOHN.

C'est le sort de tous les hommes publics. C'est notre sort à tous en Angleterre. C'est mon sort à moi qui vous parle. J'ai des amis politiques qui ne sont pas mes amis, et j'ai des amis qui ne sont pas mes amis politiques. Cela arrive à Éraste comme à tout le monde; cela est inévitable. Et pourtant avez-vous remarqué comment, en vrai Français qu'il est, il a inutilement et impolitiquement dit son avis à la gauche sur le pape?

LA MARQUISE.

Vous n'êtes pour rien dans ce passage?

SIR JOHN.

S'il m'en avait parlé, je l'aurais engagé à le supprimer, d'abord parce que je suis pour la maxime *no popery*, vous le savez, ensuite parce que l'appel à la conciliation, par lequel il a terminé, suffisait; enfin parce que si Basilidès avait déraisonné sur la question religieuse, il fallait lui laisser le désavantage du déraisonnement.

LA MARQUISE.

Vous êtes un hérétique; et comme je vous aime beaucoup, j'en suis fâchée.

SIR JOHN.

Éraste, au moins, a été orthodoxe.

LA MARQUISE.

Orthodoxe politique. Ce n'est pas tout à fait ce que nous entendons par orthodoxe.

SIR JOHN.

Vous auriez tort de les repousser, ces auxiliaires-là; ce sont les plus dangereux adversaires du *no popery;* on le sait bien à Rome.

LA MARQUISE.

Écoutez-moi. Lucile est d'âge à disposer d'elle-même, et elle est personne à ne pas le faire à la légère. Depuis que près d'elle je tiens la place de ma sœur, je me suis fait une loi de ne pas m'opposer à ses volontés, toutes les fois que j'ai cru qu'il n'y avait pas péril pour elle à les satisfaire. Quatre prétendants se sont présentés. Elle les a refusés net tous les quatre. En voici un cinquième d'un vrai mérite, je ne le nie pas, que vous avez introduit à la maison, l'excellente Mme Lycon et vous. Je

15

déteste cordialement la République, et il est républicain. Je suis une vieille, vieille catholique, et la manière
dont il comprend le catholicisme n'est pas celle qu'on
m'a enseignée. Lucile a tous mes sentiments religieux,
vous le savez. Si, après ce qu'elle vient d'entendre, elle
n'est pas inquiète, que Dieu l'éclaire et qu'elle prononce. Je vais l'interroger en rentrant, et je resterai
neutre : c'est beaucoup.

SIR JOHN.

Je vous en remercie pour Éraste. Mais enfin, voyons,
il a fait un grand pas vers vous aujourd'hui.

LA MARQUISE.

Il l'a fait avec loyauté, je le veux bien, mais gauche-
ment. Il ne sait pas que la politique est une étoffe dans
laquelle il ne faut tailler que de biais.

SIR JOHN.

Il est encore assez jeune pour l'apprendre.

LA MARQUISE.

Et puis il se croit dans la vraie voie religieuse et
il n'y est pas du tout.

SIR JOHN.

On peut l'y mettre.

LA MARQUISE.

Et qui l'y mettra ?

SIR JOHN.

Vous, Marquise, si vous le voulez bien.

LA MARQUISE, souriant.

Sir John, je commence à croire que votre jeune ami
a de l'esprit politique, car il m'a dépêché un diplo-
mate.

> Le landau est entré dans Paris; le bruit du pavé
> et de la ville empêche la conversation de con-
> tinuer, et bientôt la voiture s'arrête à la porte
> de la Marquise.

SCÈNE X.

A Paris. — Chez Lycon. — Le salon. — Il est sept heures et demie.

**LYÇON, GALIEN, PUIS FABIA ET SUCCESSIVEMENT
POLYGNOTE, SIR JOHN, ÉRASTE, LA MAR-
QUISE ET LUCILE.**

LYCON, à Galien.

Il paraît que cela a été vif. Ma femme en rentrant ne
m'en a dit qu'un mot; mais en somme elle paraît con-
tente.

GALIEN.

Bon signe! mais je serais aise d'en savoir plus long.

FABIA, entrant.

Bonsoir, docteur, peureux docteur...

GALIEN.

Vous revenez de la bataille toute brave. Comment
a-t-il donc parlé?

FABIA.

Comme Brutus !

GALIEN.

A la bonne heure ! mais...

LE VALET DE CHAMBRE, annonçant.

M. Polygnote !

LYCON.

Largo al Factotum della... Camera. (Tendant la main à Polygnote.) Polygnote, vous avez la parole !

GALIEN.

Polygnote, voilà le moment de dire la vérité, toute la vérité, rien que la vérité. C'est difficile, mais c'est possible.

POLYGNOTE.

Vous ne voulez que la vérité? La voici. Depuis Mirabeau, pour ne pas dire depuis Démosthènes, on n'avait pas entendu de discours pareil.

GALIEN.

Nous voilà bien renseignés !

FABIA.

Et que faisiez-vous donc pendant ce triomphe entre ce gros monsieur et ce grand monsieur qui gesticulaient à votre droite et à votre gauche?

POLYGNOTE.

Cela peut à la rigueur se raconter dans la meilleure compagnie. Le gros est Mélibée de la Beauce, le long est Angelidès, ex-attaché à la diplomatie secrète de l'ex-Empire et chevalier de tous les ordres. Quand Basilidès eut fini et qu'il s'ensuivit l'interruption de séance prévue au chapitre d'Aristote intitulé : Nul n'aura de l'esprit hors nous et nos amis, mes deux voisins engagèrent devant moi, je dis devant moi à la lettre, car leurs paroles me passaient et me repassaient devant la figure, le dialogue que voici. — Eh ben, il a raison M. Basilidès, ce qu'il nous faut c'est le roi ! — Pas le roi, M. Mélibée, mais l'Empereur. — L'Empereur ! j'en ai assez de l'Empereur ! — Et que lui reprochez-vous ? — Ce que je lui reproche ! Eh ben, vous êtes bon là, vous, M. Angelidès ! — Erreur, cher bon, erreur ! Tout cela n'est que l'effet d'un malentendu, malentendu diplomatique, militaire, financier, politique, dynastique, administratif, économique, agricole, ecclésiastique, tout ce que vous voudrez ; mais enfin un pur mal-en-ten-du ! — J'entends rien à vos mal-en-ten-dus. Il avait dit · Si tu votes pour moi, Mélibée, tu auras la paix... — Permettez..... — Un instant, je m'entends quand je parle tout seul. Il avait dit : Mélibée, tu auras la paix. Donc je vote pour lui au pliscite. — Plébiscite. — Au pliscite, je dis bien ; quinze jours après il fait la guerre. Je ne suis pas méchant, et je ne suis pas pour chicaner un homme non plus qu'une femme pour ce qu'ils changent d'avis. Et puis il était prêt, à ce qu'il disait. Et il nous amène l'invasion ! Tonnerre de Jupiter ! Et vous voulez que je revote pour cet homme-là ! — Malentendu, vous dis-je. — Il n'y a pas de malentendu qui vaille. D'ailleurs c'est le tour d'un roi ; après un roi, un empereur, après un empereur un roi, c'est l'ordre, — Eh bien, Mélibée, le tour sera interverti, et vous reverrez l'Empereur. — Qu'est-ce que vous gagez que nous aurons un roi et pas plus tard qu'à la Saint-Michel encore? — Ce que vous voudrez. — Eh ben ! cent milliers de foin? — Je les tiens. — C'est dit; monsieur est témoin. — Mélibée s'apercevant que j'étais là, je ne crus pas indiscret d'entrer dans la conversation et je lui dis : — Avec plaisir, et même, si vous le permettez, je ferai mieux : je gage contre vous et contre monsieur, les cent milliers de foin, que vous n'aurez ni un empereur ni un roi à la Saint-Michel, ni même à la Saint-Martin. — Angelidès, sur ce propos, ne put se défendre d'une grimace qui lui fit sortir de l'orbite de l'œil gauche un petit carreau de vitre qu'il y porte d'habitude pour se rendre plus joli, et Mélibée, devenant coquelicot, me dit : — Est-ce que vous seriez républicain? — Oui. — Alors vous n'êtes pas d'ici ? — Non. — C'est ce que je me disais : Monsieur est républicain, il n'est donc pas d'ici. Il n'y a pas de républicains ici. Comme ça vous voulez tenir les cent milliers de foin contre nous deux? — S'il vous fait plaisir. — Faut voir. La République c'est-il solvable ? — Comment ! si la République est solvable ! Votre Empereur, imitant ses augustes prédécesseurs, met la clef sous la porte en nous laissant une dette criarde de sept milliards; la République paie, et vous demandez si elle est solvable ! — Faites excuse... Vous m'allez vous, vous êtes rond en affaire... Ainsi cent milliers de foin à fournir ou à payer à la Saint-Michel... — Non, à la Saint-Martin, je vous donne les six semaines. — Vous n'avez pas froid aux yeux, vous m'allez. Va pour la Saint-Martin. Cent milliers de foin à payer à la Saint-Martin par l'un de nous trois, selon qu'il y aura un roi, un empereur ou une république. C'est dit? — C'est dit! — Tôpez-vous? — Je tôpe. — Nous tôpâmes, et voilà la quintessence de la dernière mercuriale.

LYCON.

Polygnote, si vous perdez, vous en serez quitte pour payer; mais si vous gagnez, que ferez-vous du foin?

POLYGNOTE.

Si je perds, je paie le foin, et César le fera manger à Mélibée et à Angelidès. Si je gagne, je fonde avec la somme un prix annuel de rations de turnips à distribuer gratis à perpétuité entre tous les descendants d'Angelidès et de Mélibée.

GALIEN.

On lui demande des nouvelles de Versailles, il nous conte des histoires de la lune!

LYCON.

Le discours d'Éraste a donc réussi?

POLYGNOTE.

Surtout à la fin, quand il a annoncé, — il avait probablement un télégramme de Rome dans sa poche, — que le pape était en train de se faire républicain.

GALIEN.

Ah bah!

POLYGNOTE.

C'est comme j'ai l'honneur de vous le dire. Ah! cela a

eu du succès, et je suppose que dans la tribune de la Marquise cela n'a pas dû déplaire.

GALIEN.

Quand je vous disais ce matin, Lycon, qu'il y avait anguille sous roche !

FABIA.

Polygnote, vous faites un compte rendu parallèle, ce qui ne vaut pas mieux sous la République que sous l'Empire. Ce passage sur le pape a été excellent. Monsieur Lycon, retirez la parole à Polygnote.

LYCON.

Polygnote, je vous retire la parole. Dites-nous seulement...

LE VALET DE CHAMBRE, annonçant.

M. Berkeley.

LYCON.

Arrivez, sir John, nous dire la vérité ; avec Polygnote il n'y a pas moyen de la tirer du puits.

GALIEN.

Oui. Comment Éraste a-t-il parlé ?

SIR JOHN.

Passablement. Ce qu'il y a eu de mieux imaginé est un endroit tout à fait inattendu où il a demandé Lucile au pape.

POLYGNOTE.

Je n'ai donc pas commis de compte rendu parallèle !

GALIEN.

Et qu'a répondu le Saint-Père?

SIR JOHN.

On attend le bref.

LE VALET DE CHAMBRE, annonçant.

M. Éraste.

> Éraste entre et serre la main de Lycon. Après quelques compliments, Fabia et sir John le prennent à part et échangent avec lui quelques mots.

LE VALET DE CHAMBRE, annonçant.

Mme la Marquise, Mlle ***.

> Une petite conversation indifférente s'engage.

GALIEN, à part, à Fabia.

Comment cela va-t-il finir?

FABIA, à demi-voix.

Regardez bien.

LE MAITRE D'HOTEL.

Madame est servie.

> Lycon offre le bras à la marquise; Fabia prend celui de sir John. Reste un moment au fond du salon un groupe formé de Galien, d'Éraste et de Polygnote. Lucile fait un pas vers eux. Éraste se détache du groupe et lui offre le bras. Elle le prend et ils sortent du salon.

POLYGNOTE, à demi-voix, à Galien.

Encore un miracle, docteur! Le faubourg Saint-Germain est incorrigible!

GALIEN.

Pardonnons-lui celui-là. Qu'il serve d'exemple aux royalistes et d'école à la République!

FIN DE L'ACTE TROISIÈME.

ÉPILOGUE

Mai 1872.

Venise, 1er mai.

Je vous ai écrit de Brescia le 25 avril, bien chère madame, et vous êtes M. Lycon et vous, ai-je besoin de
vous le dire, les plus présents à notre pensée de nos
amis absents. Le télégramme qui nous arrive et qui
nous gronde, nous gronde donc à tort, mais nous nous
garderions de nous en plaindre puisqu'il nous apporte
de vos nouvelles. Nous ne songeons qu'à nous justifier,
et c'est, pendant que je vous écris, ce qu'Éraste, pour
sa part, est allé faire au télégraphe.

Voilà douze jours que nous sommes à Venise. Je
n'imaginais pas ayant habité Florence, Rome et Naples,
que la vue de Venise pût me causer une surprise pa-

reille. Éraste qui y vient pour la troisième fois, me dit qu'il est aussi étonné que la première. Ce n'est pas vous, Vénitienne de naissance, qui vous étonnerez de notre étonnement. Ce que vous m'aviez prédit à mon départ se vérifie à la lettre. Le moindre *Calle* a un air historique et on est toute honteuse d'ignorer ce qui s'y est passé.

Le ciel est en fête. Il tombe sur ces palais abandonnés et enchantés une lumière d'azur qui, se mariant on ne sait comment avec les reflets verts de mer de l'Adriatique, les éclaire d'une façon surprenante. Je n'avais jamais rien compris aux ciels de Veronèse. Je les avais toujours pris pour des fantaisies de son génie. Je les comprends à présent. Il a peint ce qu'il a vu.

Nous rentrons d'une promenade aux îles, en compagnie de Mme Collegno et du comte et de la comtesse Ghisalba avec qui nous avons dîné hier chez M. Collegno. Que je vous dise tout de suite que sur les deux seules lignes d'écriture qu'a bien voulu nous donner M. Lycon, M. Collegno nous a offert de quoi acheter Venise. Où la porterions-nous où elle fût aussi bien qu'à la place où le bon Dieu l'a mise? On n'a pas plus de grâce que n'en a Mme Collegno et plus de bonté que ne nous en montre son mari. On vous aime beaucoup M. Lycon et vous dans cette famille. On a bien raison.

Nous arrivons de *San Michele di Murano* par un soleil couchant comme on n'en voit qu'en Italie. Quand nous nous sommes retournés pour la revoir encore au tournant du canal, elle était portée sur un nuage amarante. Nous y avons passé l'après-midi. Le comte Ghisalba, érudit et poli comme les Italiens savent l'être, quand ils se piquent de l'être, a pris la peine de me raconter la curieuse histoire du couvent des Camaldules qui exista à *San Michele* pendant six cents ans. Nous étions assises pendant son récit sur un banc du vestibule où est la pierre tombale de Fra Paolo, ayant à notre gauche le cloître et devant nous la mer. Les contes des *Mille et une Nuits* ne sont pas plus singuliers et ils n'ont jamais été dits dans des lieux plus romanesques.

Le matin nous étions allés avec la comtesse à la *Scuola di San Rocco.* Quelle merveilleuse république qu'une république qui donnait de tels palais aux assemblées de charité des belles Vénitiennes vos grand'mères! Si sir John avait été avec nous, il n'aurait pas manqué de nous dire qu'il vous y avait vue dans une vie antérieure, au siècle où le Tintoret couvrait les murs de la *Scuola* de ses peintures, et que vous y étiez précisément la même personne qu'aujourd'hui.

Vous souvient-il du jour de ma première entrevue chez vous avec Éraste, et de la conversation singulière qui s'engagea à propos du roi de Pégu et de Venise? vous rappelez-vous aussi la belle déclaration qu'il me fit dans le style de Milton? Je ris encore quand j'y pense. Éraste court quelquefois après cette conversation pour la rattraper, mais je serais bien fâchée qu'il la rattrapât. Je sais très-bien que la République vivante dans laquelle je suis entrée en prenant son bras ne ressemble pas du tout à la belle République éteinte, dans laquelle il me promène en ce moment pour me distraire de l'autre; mais je n'en suis pas moins de l'avis de Milton. J'aurais été fière de monter l'escalier du palais des Doges; mais on peut rebâtir tant qu'on voudra celui de l'hôtellerie des Tuileries, je ne le monterai jamais.

Qui m'eût dit il y a un an que je serais la femme d'un républicain et d'un républicain aussi résolu! Dieu conduit tout. Quand parfois je m'effraie, Éraste se met à rire, et il me dit ensuite avec un sérieux qui me confond qu'il n'y a rien de plus naturel et de plus tranquillisant que ce qui se passe.

J'ai été souvent chagrinée et indignée sur notre route en entendant les propos qui se tiennent contre la France. Les étrangers oublient que la France a été de tout temps leur aumônière, et que toutes les folies qu'elle a faites, sans excepter la dernière, elle les a faites pour eux beaucoup plus que pour elle. Pauvre grande chère France! elle est bien belle encore, quand on la regarde d'ici, toute meurtrie qu'elle est. Que Dieu ait pitié de nous et qu'il nous aide! Quel temps que celui où nous vivons, et comme je remercie Dieu de m'avoir fait la grâce d'être chrétienne! Je vais tous les jours à Saint-Marc le prier de bon cœur, pour vous, pour nous tous, pour mon cher pays. Que son destin est bizarre! il faut qu'il soit toujours ou insulté ou envié.

Nous avons eu hier, chez M. Collegno, une consolation patriotique un peu amère et un peu sombre, car après la France il n'est pas de nation au monde que j'aime autant que l'Italie, et c'est l'avenir de l'Italie qui a fait les frais de la consolation, mais enfin après tous les propos sans dignité et sans esprit qui ont cours en Italie sur la France, je n'ai pas été fâchée d'entendre un Italien de bon sens et de mérite nous présenter lui-même, sans que nous ayons rien fait pour l'amener à parler de la sorte, les choses sous leur vrai jour. Il faut que je vous raconte la scène, elle vaut la peine d'être racontée.

Nous sortions de dîner et nous étions sur le balcon à respirer la brise lorsqu'est arrivé le père de Mme Collegno, M. Baldighieri. Après les compliments, on est venu à parler de l'Italie et de la place nouvelle que les derniers événements lui ont faite dans le monde. Sur quelques mots polis d'Éraste à ce sujet, M. Baldighieri a hoché la tête et a répondu qu'il craignait bien, quant à lui, que les choses ne fussent pas ce qu'elles semblent être. Puis s'adressant à moi : « A la manière dont vous parlez l'italien, madame, m'a-t-il dit obligeamment, il n'y a pas d'indiscrétion à vous demander si vous avez lu *l'Histoire de Florence?* — Celle de Machiavel? — Oui, madame. — Je l'ai lue, en effet, lui répondis-je, et même je l'ai épelée, traduite et par fragments apprise par cœur. Mon professeur d'italien, à Rome, le Père Chiari, n'entendait pas que je sortisse de la langue de Machiavel. » M. Baldighieri sourit et me dit : « Le Père Chiari avait raison. Personne n'a parlé italien comme cet italien-là. Mais puisque vous avez lu *l'Histoire de Florence*, laissez-moi vous en rappeler la première phrase. » Et il nous dit cette première phrase que je puis vous écrire au courant de la plume, tant le Père Chiari, lui aussi, l'avait souvent à la bouche comme un modèle de naturel : « *I popoli, i quali nelle parti settentrionali di là dal fiume del Reno e del Danubio abitano, sendo nati in regione generativa e sana, in tanta moltitudine molte volte crescono, che parte di loro sono necessitati abbandonare i terreni patrj, e cercare nuovi paesi per abitare.* » — « Eh bien ! continua M. Baldighieri, la phrase de Machiavel est d'une application frappante aujourd'hui comme de tous les temps. Les peuples du Rhin et du Danube augmentent toujours en nombre et il leur faut toujours aller chercher la vie dans d'autres contrées. Mais ils se sont trompés en passant le Rhin et ils ne tarderont pas à s'en apercevoir. C'est de la mer qu'ils ont besoin. Tous les cours d'eau qui descendent de nos Alpes les y conduisent. C'est dans le bassin de la Méditerranée, comme toujours, que se donnera la future grande bataille de la civilisation. Il leur faut donc l'Adriatique et le Pô. La paix insensée qu'ils vous ont imposée leur deviendra si onéreuse qu'ils chercheront un échange, et mon pays sera encore sacrifié ! » Éraste fit un geste. « Non, continua M. Baldighieri, si les hommes déraisonnent, les choses gardent leur sens. Vous avez dit, en France, à la nouvelle de la défaite de l'Autriche : « C'est nous qui avons perdu la bataille de Sadowa ! » et vous aviez raison. Eh bien ! il n'y a pas un Italien de quelque intelligence aujourd'hui qui ne se dise : « C'est nous qui avons perdu la bataille de Paris ! » Si cent mille Italiens avaient marché sur Lyon après Sedan, tout changeait et quel rôle pour l'Italie ! »

Les paroles de M. Baldighieri, animées comme elles l'étaient par l'accent et par le geste, m'ont tellement saisie que je ne crains pas de vous dire que je vous les rapporte textuellement.

Mme Collegno a changé le cours de l'entretien.

Ses jolis enfants sont venus dire bonsoir, et peu après nous sommes rentrés émus et tristes de ce que nous venions d'entendre.

J'ai, vous le savez, par le télégraphe, des nouvelles quotidiennes de ma bien-aimée tante ; elle en reçoit tous les jours aussi par la même voie des nôtres. La poste fait le reste de la conversation. Elle avait vu le docteur ces jours-ci. Il grondait de n'avoir pas de nouvelles directement. Éraste va lui écrire. Je n'ai pas bien compris un passage de la dernière lettre de ma tante où il est question de M. Polygnote et de M. Philarque. De quel mariage s'agit-il donc, et qu'est-ce que M. Philarque peut faire en cette circonstance pour M. Polygnote? Ses tableaux doivent être au Salon. Nous espérons bien qu'ils auront tenu ce qu'ils promettaient à l'atelier, et que votre portrait y aura paru ce qu'il nous a semblé à tous et à toutes charmant.

C'est toujours le 1er juin, sans remise, que nous comptons être à Lucerne. Quelle joie de vous y revoir avec ma tante et M. Lycon! Tâchez donc, vous qui pouvez tout ce que vous voulez, de déterminer le docteur à vous accompagner. Dans sa dernière lettre sir John nous annonce que décidément il sera du voyage. Il a dû vous le dire.

Éraste rentre. Avant que cette lettre soit partie de Venise, vous saurez, par le télégraphe, que tout ce qui vous y connaît pense à vous.

Nous vous aimons monsieur Lycon et vous de tout notre cœur.

LUCILE.

GALIEN A ÉRASTE.

Paris, 3 mai.

Une jeune femme et le ciel de Venise, en voilà assez,
cher Éraste, pour vous excuser de négliger vos amis.
N'ayant ni l'une ni l'autre de ces excuses, je serais coupable d'user de représailles. A mon âge, d'ailleurs, il ne
faut pas remettre les choses au lendemain. Aussi je fais
ce soir, défendre ma porte afin de causer une heure
avec vous.

J'ai lu votre manuscrit. Le titre est bon. Ce sont
bien les véritables *principes physiologiques de la démocratie* (1) que vous exposez dans cet ouvrage, et vous
les établissez, à mon avis, sur leurs vraies bases.
Le premier livre est irréprochable. Vous allez chercher
les racines du principe électif dans le fond même de la
nature de l'homme, et vous montrez clairement que
lorsqu'on les y cherche on les y trouve. Les conséquences immédiates que vous tirez de ces données
physiologiques en faveur de la démocratie me paraissent également faites pour braver la critique.

(1) Les *Principes physiologiques de la démocratie* sont apparemment l'ouvrage dont Éraste dictait des fragments au commencement
de cette histoire. Il ne nous en a été communiqué rien de plus.

(Note des éditeurs.)

Mais j'ai des objections, et assez graves, à vous faire sur les développements du second livre et sur l'esprit des conclusions.

Vous dites : Des êtres qui ne pensent pas vivent : la vie est donc une chose et la pensée en est une autre. Vous appelez en témoignage les grands organes de la vie du corps humain, l'appareil nutritif, l'appareil respiratoire et l'appareil circulatoire. Ce sont, dites-vous, des animaux complets, ils font chacun des choses singulièrement intelligentes : de la physique, de la mécanique et de la chimie comme jamais physiciens, mécaniciens et chimistes passés, présents et futurs n'en ont jamais fait et n'en feront jamais, et cependant ils ne pensent pas, car ils ignorent ce qu'ils font. L'homme, au contraire, continuez-vous, pense. Vous accordez que pour penser, *en ce monde,* — je vous avertis que j'ai fait déjà un gros coup d'ongle à la marge du manuscrit en regard de cet *en ce monde,* — il faut vivre ; mais le corps humain n'est à vos yeux qu'un instrument toujours incommode et un violon plus ou moins d'accord ou discord.

A la rigueur, jusque là, je n'objecte rien ou pas grand'chose. Quelques explications sur la nature du violoniste, qui est dans le violon et qui en joue tantôt faux, tantôt juste, m'auraient fait plaisir. Comme vous êtes homme à me les donner dans une seconde édition, je vous fais crédit jusque là. Mais où je ne vous fais pas crédit, pas une heure, pas une minute, c'est lorsque, quittant tout à coup, dès les premières lignes de votre second livre, ce ferme terrain de l'expérience où le physiologiste et le psychologue ont du moins une langue commune, la langue des faits, vous vous envolez dans le surnaturel.

Le mot y est, mon cher ami, et vous ne le nierez pas, car il est tout entier de votre main. Votre secrétaire, à la dictée, l'avait estropié. Vous l'avez rétabli au-dessus de la ligne dans une écriture magnifique que je ne vous avais jamais connue, en grosses lettres, pour que le typographe, apparemment, ne s'y trompe pas : *surnaturel*.

Il n'y a pas de surnaturel, mon cher Éraste. Le monde surnaturel est le roman de la raison. La nature existe, et il n'existe que la nature ; que voulez-vous qu'il existe hors de la vie universelle ? L'intelligence ? Mais s'il est des êtres qui vivent sans penser, où en avez-vous vu qui pensent sans vivre ? Vous comparez quelque part le poumon à une huître qui bâille en quête d'oxygène, et vous dites ou à peu près : j'atteste l'huître et le poumon qu'on peut vivre sans savoir même qu'on vit. Mais, vous répondrai-je, comment sentir, se souvenir, penser, raisonner, délibérer, vouloir, sans la compagnie du corps ?

La nature est un système de forces antagonistes qu'une lutte constante entretient en équilibre. Ces forces sont aveugles ou intelligentes, c'est-à-dire ayant ou n'ayant pas la conscience de ce qu'elles font. Mais qu'elles aient cette conscience ou qu'elles ne l'aient pas, c'est leur combat qui maintient l'ordre du monde. Me direz-vous que ces forces éternelles, je dis éternelles, car elles ne meurent que pour revivre sous d'autres formes, ont besoin d'un lien qui les rassemble, et allez-vous, avec notre ami Aristote, par une inconséquence flagrante avec le reste de son système, me parler de l'utilité d'un premier moteur immobile et nécessaire auquel est suspendue toute la nature? Je vous accorderai ce principe si vous voulez, et je l'appellerai même Dieu si vous y tenez, à condition que vous m'accorderez, en revanche, que ce Dieu n'est pas plus extérieur au monde que ce que vous appelez âme n'est extérieur au corps. L'âme est le principe de la vie, et Dieu est l'âme universelle.

Et la morale! allez-vous dire. Mon cher, la morale est une branche de la physique. Quelle est la condition de la conservation du monde? La conservation de l'ordre. Comment l'ordre se conserve-t-il? Par le maintien de l'équilibre. Le monde moral est régi par cette seule et unique loi comme le monde matériel. Le bien et le mal se disputent le monde moral comme la force centripète et la force centrifuge se disputent le monde de la matière. Mais les êtres pensants, qui sont les molécules du monde moral, comme les corps organisés sont celles du monde matériel, savent que pour ne pas tomber dans le chaos il faut tendre au bien, et ils y tendent. S'ils gravitent dans l'orbite de cet aimant, l'ordre se maintient, et avec l'ordre les avantages qu'il donne; s'ils en sortent, le trouble arrive et avec lui les maux qu'il engendre.

Qu'est-ce que les spiritualistes vos amis de l'autre côté du pont peuvent entendre par la Providence, si ce n'est l'ensemble des lois qui gouvernent l'univers? En ce sens, le seul raisonnable à donner au mot de Providence, la loi de la gravitation est la Providence des astres et la loi morale est la Providence des hommes.

Obéissons à notre nature comme les astres obéissent à la leur, et la morale sera sauve.

Cela démontre, je crois, que la morale n'est, comme ce que vous appelez d'un mot fort équivoque, la psychologie, qu'une partie de l'histoire naturelle.

La politique, elle aussi, se déduit naturellement de la physique. Le monde étant un système de forces antagonistes tendant à l'ordre par la lutte, le meilleur état de société sera celui où toutes les forces humaines trouveront à se développer concurremment dans le plus grand degré de liberté possible, de manière à se rencontrer et à s'arrêter partout et toujours les unes les autres. Voilà la physique de la démocratie. Enfin, le régime de gouvernement à donner à cette démocratie ne peut être que la république, car tout autre système politique est exclusif à différents degrés du libre développement des forces humaines.

Quant à la métaphysique, mon cher ami, je vous l'ai dit souvent, je veux vous le répéter encore, c'est une pure chimère. Il n'y a rien au delà de la nature, et l'observation de la nature suffit à enseigner à l'homme tous les principes de la vie morale et sociale. Vous auriez fait un naturaliste, car vous avez l'esprit d'observation dans un degré remarquable. Mais vous avez rencontré des dialecticiens qui vous ont débauché, et vous êtes parti en leur compagnie pour le pays du surnaturel.

Prenez garde. La métaphysique est cousine, proche cousine même de la théologie. La fin de votre discours de 24 février m'avait déjà donné quelque inquiétude. Pourtant, je m'expliquais, à la rigueur, qu'ayant à

calmer les partis, vous ayez fait cette avance toute politique à la droite. Mais voici que dans un livre scientifique, après un début d'une physiologie excellente,
nous faussant tout à coup compagnie, vous vous en
allez, comme si nous étions en plein Moyen Age, négo-
cier au nom de la République avec le pape! La République n'a que faire du pape. Elle donnera, vous avez
eu raison de le dire dans votre discours, elle donnera à
l'Église catholique, comme aux autres Églises, juive,
réformée, *et cœtera*, la pleine liberté d'exercice, sous la
seule garantie du respect des lois de droit commun ;
mais la République n'a rien à voir avec la théologie et
les pouvoirs décrépits qui la représentent, non plus
qu'avec la monarchie et les ennemis de la chose publique, qui veulent la faire revivre.

Prenez garde, Éraste! Vous avez une tendance plato-
nicienne qui effraie vos amis. Défiez-vous des idées
pures, ce sont des abstractions pures. Vous avez en
outre une hardiesse éclectique de conciliation des contraires qui n'est pas scientifique, je vous le dis net. Les
théologiens accepteront tout ce que vous leur concé-
derez, mais ils ne vous concéderont rien. Vos conclusions sont pour un accord de l'Église et de la démocratie, et cela est présenté sous une forme qui a quelque
chose de séduisant, car la science et la poésie alternent
habilement sous votre plume pour convaincre ou pour
persuader le lecteur; mais l'accord que vous poursuivez
est un leurre. Le pape est irréconciliable avec la physique, et l'infaillibilité avec la liberté.

Dixi.

Voilà, n'est-ce pas, un plaisant sermon, en pleine

lune de miel ; mais, avec un homme tel que vous, l'a-
mitié et la vérité ont leurs droits en toute saison. Peut-
être seulement ferez-vous bien de ne pas montrer cette
lettre à votre charmante femme. Je m'en voudrais d'of-
fenser, même de loin, la délicatesse de ses croyances.
Dites-lui seulement qu'elle a encore pour un peu de
temps en ce monde un vieil ami qui lui est reconnaissant d'avoir apporté dans l'existence de mon cher Éraste
le sourire du printemps.

Vale et me ama,

GALIEN.

FABIA A LUCILE.

Paris, 4 mai.

Nous avons bien le télégramme, chère Lucile, mais
nous n'avons pas la lettre de Brescia, et nous ne rece-
vrons que ce soir la lettre de Venise.

En attendant, apprenez la grande nouvelle.

Nous marions Polygnote!... — Et avec qui? Avec
Mlle ***, nièce de M. Philarque. — M. Philarque a donc
une nièce? — Charmante, ma belle amie, et qui ne
ressemble pas du tout à certain prétendu de sa famille

que vous avez congédié d'un si joli coup d'éventail.
Mlle *** a été élevée à Tours en Touraine, par les Dames
blanches de Saint-Martin. Nous savions seulement jusqu'ici qu'elle existait. Ayant appris que son oncle se
décidait à la faire venir à Paris, — à vingt-deux ans,
cela commence à n'être plus indiscret, — nous avons,
M. Lycon et moi, saisi cette occasion de dissiper dans
l'esprit de M. Philarque certaines préventions qu'il avait
prises contre nous au sujet de votre mariage. La jeune
Tourangelle est venue dîner avec son oncle. Elle est un
peu sévère d'aspect, mais, ou nous nous trompons tous
ou ces dehors cachent une personne de mérite. Ajoutez,
ce qui ne gâte rien, qu'elle est plus jolie qu'elle ne s'en
doute. Polygnote est venu le soir. — Il n'a pas été élevé,
vous avez pu vous en apercevoir, aux Dames blanches
de Saint-Martin, et il ignore les manières de Tours. —
Il s'est donc approché de Mlle *** avec son naturel de
tous les jours, et il lui a dit quelques mots fort polis.
On n'est pas plus désagréablement reçu. La *Verginella
simile alla rosa* a disparu soudain dans un buisson d'é-
glantiers, et il a fallu toute l'entente de la perspective de
mon peintre ordinaire pour perdre dans les lointains la
crudité des tons de la scène du premier plan.

J'étais très-contrariée de l'accident, quand le lendemain, dès midi, on m'annonce Polygnote. J'ai cru qu'il
avait perdu la parole en route, car il n'arrivait pas à me
dire qu'il ne savait comment me dire ce qu'il avait à me
dire. Je l'ai aidé un peu, et il a fini par me dire ce qu'il
ne savait comment me dire.

M. Philarque n'a pas été tout de suite de notre avis.
Mais le succès du Salon, car c'est un véritable succès,

est venu à notre secours. L'attitude de Sénèque est critiquée. Je crois que votre mari avait raison, et que c'est son avis, et non celui de sir John, qu'il aurait fallu suivre. Mais il n'y a qu'une voix sur *Néron*, et tout le monde dit que son visage et son geste sont de la main d'un peintre d'histoire. Mon portrait aussi, je ne suis pas fâchée de vous l'annoncer, passe pour un des meilleurs du Salon. Entre nous, je crois même que c'est tout à faitle meilleur. Il a changé le décor de gauche. Au lieu de la draperie, qui était un peu sombre, il a mis une cheminée; derrière, une glace, et sur la cheminée, devinez quoi? votre statuette de l'Espérance. Tout cela, s'il vous plaît, sans me prévenir, et dans l'intervalle qui a séparé l'agréable réception que lui a faite chez moi Mlle *** et l'ouverture du Salon. Ce changement produit un effet très-gracieux.

Nous avons conduit Mlle *** au Salon. Elle n'a pas été émerveillée de *Néron*, mais elle a souri très-agréablement à mon portrait. M. Philarque, lui, a été converti par le succès éclatant de *Néron*, et le mariage se fera au commencement de septembre, quand certaines affaires de famille qu'il est indispensable de régler auront été mises en ordre.

Votre tante a eu la bonté de recevoir Mlle ***, que je lui ai présentée. M. Philarque a été très-touché de la manière dont sa nièce a été reçue. Vous savez, lorsque Mme votre tante veut bien accueillir les gens, la grâce qu'elle y met. M. Philarque est allé remercier, et il a eu un long entretien au sortir duquel il nous a rapporté un consentement en forme.

On vous a vue à votre passage à Milan, chez les Casteggio. Je vous avertis qu'on vous y a trouvée ce que nous vous trouvons tous. N'allez pas au moins, dans votre lettre de Brescia, être d'un autre avis que tout le monde.

Nous serons à Lucerne le 1er juin. J'espère décider le docteur à nous accompagner. Il a dîné avant-hier chez votre tante avec nous et sir John. Le docteur ne dit pas précisément que nous lui gâtons votre mari, mais il le pense, et il a bien envie de le dire : attendez-vous à quelque mercuriale de bonne encre de sa part.

Je finirai ce soir après le courrier de Venise, s'il ne se perd pas dans les Alpes comme celui de Brescia.

P. S. — Cinq heures du soir. — La lettre de Brescia m'arrive, avec l'aimable mot que votre mari y a ajouté, en même temps que la lettre de Venise. Il est évident que nous vous avons grondés à tort. Mais je ne le regrette pas. Gardez mon sermon pour une autre fois. Il est toujours prudent d'avoir une provision de cette sorte de choses pour les cas inévitables où on en a besoin.

Faites aux Collegno et à M. Baldighieri toutes nos tendresses. Faites-les aussi à ma chère Venise, *il sorriso del mondo*. Dites à votre mari que M. Lycon lui écrira demain, et croyez tous les deux à l'affection de votre vieille amie

FABIA.

ÉRASTE A GALIEN.

Venise, 6 mai.

Que n'êtes-vous ici, mon cher maître, à ce balcon, sous lequel passent les gondoles qui reviennent en chantant du Lido, sous ce ciel scintillant d'étoiles qui fait des nuits des jours plus doux ? Le beau lieu pour disputer, dût-on ne jamais s'entendre, des problèmes éternels ! Lucile, assise près de la fenêtre, s'occupe, pendant que je vous écris, à un de ces travaux à l'aiguille qui n'empêchent les femmes ni de voir ni d'entendre, et c'est par son ordre exprès et sous sa surveillance, comme vous voyez, que je réponds sans plus tarder à votre lettre, que nous avons depuis hier. Je dis que *nous avons*, car, pour faire lire à ma femme la phrase d'une grâce toute paternelle qui termine votre lettre, il a bien fallu lui donner la lettre entière, de sorte que nous la connaissons, elle aussi bien que moi, d'un bout à l'autre.

Vous m'en voulez donc bien d'avoir *passé le pont* et de m'être en allé, vous faussant compagnie, dans ce faubourg Saint-Germain de l'humanité qu'on appelle le surnaturel? Il faut que je me justifie, car la dernière personne avec laquelle je veuille me brouiller est le plus ancien et le plus cher de mes maîtres.

Vous ne voulez entendre parler que de l'expérience

et de la nature. Je consens avec vous, sauf définition à donner du mot, à n'invoquer que l'expérience; mais, au nom de cette expérience, je refuse net à vous accorder qu'il n'y ait rien de réel hors de la nature. Vous voyez, puisque vous me refusez crédit, que je m'explique comptant.

Le surnaturel, selon vous, est un mot. Oui, si la nature se suffit et si elle nous suffit. Non, si l'expérience — je dis l'expérience, cher maître, remarquez-le bien — non, dis-je, si l'expérience nous montre que la nature ne suffit ni à nous ni à elle-même.

C'est vous qui m'avez appris à lire, pour ne pas dire à épeler, dans cet étonnant livre de la nature; mais, vous l'avouerai-je à présent, dès les premiers mots que j'en ai compris, j'ai compris en même temps que ce livre ne s'était pas écrit tout seul.

Vous me dites, ou plutôt vous nous dites, car votre objurgation, *volatile telum*, passe par dessus mon humble tête pour aller frapper toute l'école spiritualiste, vous nous dites donc de nous défier des abstractions. Mais, mon cher maître, la nature que vous personnifiez de *l'autre côté du pont,* cette nature dont vous faites un être individuel sentant, pensant, voulant et se métamorphosant à son gré, cette nature à nos yeux à nous n'est qu'une abstraction.

La nature n'est que le nom donné par les hommes à l'ouvrage ou, pour parler plus exactement, à la collection d'ouvrages vivants qui peuplent et qui animent l'espace et la durée. Ces ouvrages ont ceci de surprenant que ce sont des ouvrages ouvriers, en ce sens qu'ils travaillent et qu'ils remplissent chacun, en obéissant à des lois qu'ils n'ont point faites, une tâche que certainement non plus ils ne se sont point tracée. Ainsi les astres roulent, les minéraux se forgent, les plantes poussent, les bêtes vivent, l'homme pense.

Comparaison n'est pas raison, et ce n'est pas avec vous, cher maître, que je me risquerais à l'oublier; mais enfin les comparaisons, sauf examen de leur justesse, nous acheminent parfois vers la claire intelligence des choses.

Voici une pendule qui marque et qui sonne l'heure. Cette pendule est bien un ouvrage, car elle ne s'est pas faite toute seule, et cet ouvrage est bien un ouvrier, et même un ouvrier qui imite à un degré singulier les habitudes de l'intelligence, puisque vingt-quatre heures par jour et vingt ou vingt-cinq jours par mois elle marque et elle sonne l'heure. Qui la fait aller et travailler ainsi avec cette régularité et cette constance? Son grand ressort. — Eh bien, docteur, à nos yeux du moins, cette pendule est l'imitation en miniature, si vous voulez, mais l'imitation exacte de tous ces êtres organisés ou automatiques dont la collection forme ce que vous appelez la nature. L'astre, la plante, la bête, l'homme, ont ainsi chacun un grand ressort tout monté, qui ira jusqu'au temps inconnu marqué par l'horloger, inconnu aussi, qui l'a ainsi monté.

Je suppose maintenant que tout à coup la pendule se mette à penser et à parler, et qu'entendant le mouvement de son balancier elle se mette à dire : Mon ressort est un horloger. Nous nous lèverions tous pour lui dire : Vous vous trompez; votre ressort a été fabriqué par un horloger, mais il n'est pas cet horloger.

Un physiologiste qui prend la vie pour la raison dernière de la nature, à nos yeux, docteur, commet la même méprise que la pendule qui prendrait son grand ressort pour l'horloger qui a fait ce grand ressort. Le grand ressort des ouvrages naturels, la vie, est de fabrique divine assurément, mais il n'est pas Dieu, et Dieu n'est pas plus présent dans ces ouvrages pour les animer que l'horloger ne l'est dans la pendule pour la mouvoir.

En voici une preuve directe. Je pense et je ne puis penser sans avoir conscience de ma pensée qui est l'essence de mon être. Est-ce qu'en pensant je tombe jamais dans une méprise analogue à celle de la pendule qui prenait tout à l'heure son ressort pour un horloger? Est-ce que jamais il me vient à l'esprit que ma pensée est Dieu et que je suis je ne sais quel fragment de Dieu? Je ne me sens pas plus Dieu que singe; je me sens homme, c'est-à-dire une créature pensante qui, non plus que le reste du monde, ne s'est pas faite elle-même et qui cherche son auteur.

Cet auteur qui est-il?

L'Éternel est son nom, le monde est son ouvrage.

Voilà tout ce que nous en savons; mais nous le savons *certa et clamante conscientia*, car s'il en était autrement, si Dieu était ce que vous croyez, c'est-à-dire l'âme universelle, les pierres, les plantes, les singes et les autres bêtes pourraient ne pas s'en apercevoir, mais nous qui pensons nous le saurions, car au lieu de nous sentir hommes, nous nous sentirions Dieu.

Vous me cherchez querelle après cela à propos des idées pures. Vous m'appelez platonicien, ce qui est un bien beau compliment ou une bien sanglante critique selon le sens où l'on prend le mot, et vous concluez, ou peu s'en faut, que de ce côté-ci du pont, brouillés que nous sommes avec la physique, nous vivons ou à peu près de visions.

Il faut encore que je me justifie là-dessus. Je ne suis brouillé ni avec la physique ni avec la physiologie. Il faudrait pour cela que j'eusse oublié tout ce que vous m'avez enseigné, mais en *passant le pont*, j'ai appris autre chose de la bouche de ces dialecticiens que vous accusez de m'avoir débauché, et ce quelque chose, pour avoir l'air chimérique, n'est pourtant pas ce qu'il semble être.

Il y a un monde intelligible, mon cher et bien respecté maître. Il est même plus réel que le monde sensible. Ce monde enfin est accessible à l'expérience ; non pas sans doute à celle du télescope et du scalpel, mais à une expérience, sans laquelle il n'y aurait aucun usage possible ni du scalpel ni du télescope, l'expérience interne de l'esprit. Je suis bien sûr que ce monde intelligible existe, car je m'y promène tous les jours. Vous en doutez? Prenez mon bras et faisons-y ensemble un tour, je ne vous en demande pas davantage.

Toute la construction de l'univers est une construction géométrique, tellement qu'on pourrait dire que l'univers n'est que de la géométrie vivante. Mais pour calculer la courbe que décrit un astre, il faut que le géomètre ait d'abord dans l'esprit l'idée du cercle parfait. Où l'a-t-il prise cette idée? Est-ce dans la nature?

•Nulle part dans la nature personne n'a jamais vu de cercle parfait, et pourtant il n'y a pas de géomètre qui, au début de ses études, n'étudie les propriétés de ce cercle parfait que personne n'a jamais vu, ni touché et que personne jamais ne touchera ni ne verra. Ce cercle parfait est-il une abstraction? Une abstraction de quoi? Quelle est la courbe observable, elliptique, parabolique, hyperbolique, etc., qui a pu être rectifiée par l'esprit jusqu'à se transformer en un cercle dont la circonférence est une ligne qui n'a qu'une dimension et dont tous les rayons sont égaux? Direz-vous que c'est une vision? Étrange vision sans l'aide de laquelle l'ordre de l'univers est inexplicable et incalculable, c'est-à-dire sans laquelle il n'y a ni physique ni astronomie!

Nous sommes allés ce matin, Lucile et moi, faire dans ce même monde intelligible une promenade d'un autre genre. Nous avons été dans l'île de la *Giudecca* visiter l'église d'*Il Redentore*, un des chefs-d'œuvre de Palladio, un homme, je vous le signale en passant, qui croyait certainement, lui aussi, comme Bramante, comme Michel-Ange et comme Phidias, au monde intelligible. Dans un coin de l'église, j'ai retrouvé, et Lucile a vu pour la première fois trois merveilles devant lesquelles nous sommes restés sans pouvoir nous en détacher une bonne demi-heure. Ce sont des tableaux de Giovanni Bellini. Il y en a un surtout qui représente la Vierge et l'Enfant avec deux anges qui font de la musique, en présence duquel je voudrais bien que nous ayons ensemble la présente conversation. La femme et les enfants qu'a représentés Bellini ont certainement vécu; quelques traits de physionomie individuelle reproduits par

le peintre le montrent. Mais où a-t-il pris la grâce *sur-*
naturelle, je souligne le mot, docteur, qu'il leur a
donnée? Il l'a prise dans la contemplation de la beauté
parfaite, beauté invisible, intangible, inaccessible à nos
sens et que pourtant la pensée peut saisir puisqu'un
peintre peut en faire descendre le reflet sur ses œuvres.

Et le bien, docteur, le bien absolu, où en avez-vous
pris vous-même l'idée pure que vous avez dans l'esprit?
Vous qui ne pactisez avec personne ni avec rien quand
il s'agit de la distinction du juste et de l'injuste en
quelque cas que ce puisse être, où l'avez-vous jamais
touchée et vue autrement que des yeux de l'esprit, cette
idée transcendante du bien? Ah! vous me traitez de
poëte parce que je dis que tout ne finit pas au monde
sensible! Mais vous êtes poëte aussi, docteur, car l'idée
du droit absolu avec laquelle vous ne transigez jamais,
n'a rien de tangible.

Il y a donc un monde intelligible, charpente céleste
du monde sensible. Tout ce qui a passé de grand sur
la terre a entrevu cette charpente, et n'a considéré le
reste que comme une draperie, forme grossière d'un
fond éternel.

Un rêveur de votre connaissance a dit cela en deux
tercets sublimes. Lucile, qui sait les rêveries de ce
visionnaire presque toutes par cœur, veut bien aider
ma mémoire à retrouver les tercets, les voici :

> Se fosse appunto la cera dedutta
> E fosse il cielo in sua virtù suprema
> La luce del suggel parebbe tutta ;

> Ma la natura la dà sempre scema,
> Similemente operando all' artista
> Ch ha l'abito dell' arte e man che trema (1).

Ce qui nous divise, mon cher maître, c'est que vous êtes un stoïcien.

Je n'admets ni avec les stoïciens ni avec vous que la morale et la politique soient réductibles à la physique. Il y a, il est vrai, des lois fatales qui régissent la vie des sociétés, mais j'ai beau être pris dans l'engrenage de cette mécanique sociale, je ne me sens pas moins responsable et libre, et par conséquent je le suis.

A quoi a servi la vertu romanesque des stoïciens? Ont-ils sauvé, ont-ils seulement soutenu l'ancien monde?

Si je ne croyais pas en Dieu, docteur, je ne serais pas républicain, car alors à quoi bon?

Et pensez-vous que les générations contemporaines à qui nous prêchons la République, une fois que vous leur aurez persuadé qu'il n'y a rien au delà des choses sensibles, se mettront comme vous à vivre de la vie de Zénon, d'Épictète et des Antonins? Elles vivront, mon cher docteur, avec un renouveau de stupidité et d'appétit de la vie d'agiotage et de cafés chantants que nous leur avons vu mener sous l'Empire. Inquiètes, uniquement inquiètes de leur sécurité et de leur bien-être, elles nous redemanderont à grands cris : un porcher ! un porcher ! et quoi que nous fassions, ce porcher reviendra.

(1) *Paradiso*, XIII, 25 et 26.

Mais si Dieu est, et si nous remettons dans l'esprit des masses qui ne vivent plus que *sicut equus et mulus* la conviction qu'en effet il est, alors tout change. La Circé de la monarchie ne tiendra pas devant ce sublime exorcisme, et l'idée de Dieu éclairant comme un soleil les dernières profondeurs de la conscience du peuple, l'immonde enchantement cessera.

Oui, m'allez-vous dire, mais à la suite de cette métaphysique la théologie rentre en scène, et voilà la République aux prises avec l'Église, c'est-à-dire l'esprit de la domination religieuse avec le génie de la liberté laïque.

Votre objection, cher maître, a toute sa force dans la triste hypothèse d'une restauration. Oh ! alors, en effet, nous reverrons des prêtres démontrant une fois de plus la vérité de la maxime qu'ils n'ont que trop justifiée sous tous les règnes : les prêtres sont les flatteurs du prince quand ils n'en sont pas les tyrans.

Mais je vous parle, moi, dans l'hypothèse du maintien de la République, et alors l'aspect de choses est bien différent.

Le principe fondamental des sociétés démocratiques est le respect de la liberté et avant tout de la liberté des croyances qui n'est assurément qu'une forme de la liberté de penser. Il faut donc que la démocratie admette largement, hardiment à vivre dans son sein toutes les philosophies et toutes les religions, des plus hautes aux plus viles, des plus raisonnables aux plus folles. Le citoyen dans la démocratie doit être également libre de croire à sa descendance physiologique du singe ou à l'infaillibilité du pape, et entre ces deux extrêmes à tous les dogmes religieux ou prétendus religieux qui lui paraissent lui donner l'explication ou la plus consolante ou la plus raisonnable de sa destinée.

Par quel ostracisme étrange la République excluraitelle le christianisme et la plus populaire de ses formes en France, le catholicisme, de ce concours à la croyance des citoyens? Le prêtre catholique a autant de droits que le rabbin, que le mufti, que le ministre évangélique à la place au soleil de la démocratie.

Mais alors il faut que la démocratie donne la liberté de prêcher au pape! — C'est incontestable, car il n'y a pas de catholicité sans pape; mais quel danger y voyezvous? — Quoi! un pape infaillible! — Oui, un pape infaillible. Car son infaillibilité n'est que doctrinale et de l'ordre purement spirituel. Y croit qui veut dans la République, la nie qui veut, en hausse les épaules qui veut. C'est affaire intérieure d'intelligence et de conscience. Pourvu que dans l'ordre temporel le catholique observe les lois de police comme le juif, comme le musulman, comme le protestant, sa croyance ne regarde que lui, et la République n'a rien à y voir ni à y faire qu'à en garantir et à en protéger au besoin le paisible exercice.

Vous dites que les papistes ne nous concéderont rien. Nous ne leur demandons rien, et en revanche nous leurs accordons libéralement à eux et à leurs prêtres toute la liberté de foi, de culte, de discours, d'écriture, de réunion et d'organisation intérieure compatible avec le maintien de l'ordre public.

Vous trouvez le contrat léonin pour la République;

17

permettez-moi de vous dire les raisons que j'ai de le trouver aussi avantageux qu'équitable.

Quoi qu'en pensent les physiologistes pour rire qui assurent, en dépit de toutes vos remontrances, que le singe est l'ancêtre de l'homme, le christianisme n'est pas la première religion venue. Il a été l'émancipateur du vieux monde. C'est lui et non pas le stoïcisme qui, dès le début, quand il avait la conscience toute fraîche de sa pure origine, a travaillé à renverser les Césars. C'est lui qui, sous la splendeur des formes du catholicisme, a gardé, à travers la barbarie du Bas-Empire et du Moyen Age, la tradition du génie antique. Il nous a conservé Platon et il nous a donné le Dante.

Admise dans le sein de la démocratie à une liberté qu'elle n'a jamais connue, que fera une telle Église ou plutôt que ne fera-t-elle pas pour le bien général? On nous demande ce que gagnera la démocratie à traiter aussi libéralement le catholicisme. Elle y gagnera une grande vie religieuse qui la moralisera, qui l'élèvera, qui combattra — je rentre, comme vous voyez, par la métaphysique dans votre physique stoïcienne — qui combattra, dis-je, l'entraînement à la vie matérielle des sociétés modernes. La liberté religieuse fera ainsi contre-poids à la licence laïque.

Bien loin de courir aucun péril à donner ainsi au prêtre catholique toute sa liberté, sous le seul respect des lois de droit commun, la République y trouvera un avantage immédiat et immense.

Alfieri a dit quelque part (1) qu'il n'y aurait de

_____

(1) *Della Tirannide,* lib. 1, cap. VIII. Voici textuellement la

fanatisme excusable à ses yeux que celui qui propagerait une religion dont le Dieu ordonnerait, sous peine de l'enfer, à tous les hommes d'être libres. Le prêtre catholique dans la démocratie sera précisément le fanatique sublime qui prêchera cette religion. Quelle est la grande maxime politique de l'Évangile? De rendre à César ce qui est à César et à Dieu ce qui est à Dieu. Si César est un roi, le prêtre devient un domestique. Mais si César est la République, et si c'est à la République, à la chose publique, à la patrie et non pas à une dynastie, à un roi, à un homme, que le prêtre est tenu de rendre ce qui lui appartient, envisagez du haut de ce point de vue ce que devient alors le prône du plus humble curé de village. Ce curé citoyen et patriote est tenu par raison religieuse de prêcher avant tout l'accomplissement des devoirs civiques, et la morale publique dans sa bouche prend l'autorité incomparable que donne la sanction religieuse aux maximes de l'honneur et du bon sens.

Voilà une longue causerie, mon cher maître. Et pourtant s'il fallait la pousser à bout, le soleil demain matin se levant sur les lagunes nous retrouverait conversant encore. Voulez-vous nous permettre, à Lucile et à moi, de vous offrir une occasion de reprendre et s'il se peut de vider la querelle?

Il y a sur le lac de Lucerne, non loin du Rütli, un

phrase : « Il più sublime dunque ed il più utile fanatismo, da cui veramente ne ridonderebbero degli uomini maggiori di quanti ve ne siano stati giammai, sarebbe pur quello che creasse e propagasse una religione ed un Dio che sotto gravissime pene presenti e future comandassero agli uomini di esser liberi. »

petit village que l'on appelle Seelisberg. La marquise notre tante a loué là, pour l'été, un chalet où elle nous charge de vous dire qu'elle aurait grand plaisir à vous recevoir avec sir John et M. et Mme Lycon qui y ont déjà accepté son hospitalité. Lucile veut que j'ajoute qu'elle a la passion de la botanique et qu'elle serait bien charmée de vous entendre, sur quelqu'un de ces versants boisés des Alpes, lui en expliquer les principes. Je serai pendant ce temps sur la route de Lucerne à Versailles et de Versailles à Lucerne, mais dans mes intervalles de séjour à Seelisberg, je suis homme à avoir avec vous et avec notre ami Aristote, à propos de plantes, toutes les disputes imaginables *de natura rerum*.

Faites-nous ce plaisir, cher docteur. Vous n'obligerez jamais des personnes qui vous soient plus attachées que nous ne le sommes.

ÉRASTE.

POLYGNOTE A ÉRASTE

Paris, 10 mai.

Ton télégramme m'apprend que tu sais la nouvelle. Elle est vraie, cher ami.

Je suis venu, j'ai vu, j'ai été vaincu.

Comme cela vient de t'arriver, j'espère en ton indulgence. On est toujours bafoué par la Fortune. C'est Néron qui a donné la première idée de mon mariage. Mme Lycon y a ensuite contribué un peu en peinture, et infiniment en personne. Tu sais par expérience de quel secours peut être une alliée de cette grâce et de cette persuasion.

Mais tout cela n'eût rien fait si madame votre tante n'avait eu la bonté d'intervenir. Il y a aussi une certaine lettre de Mme Éraste qui est arrivée avant-hier remplie de souhaits charmants pour ma fiancée et qui n'a pas nui. Quand vous irez dire adieu à l'*Assunta*, prie Mme Éraste à mon intention d'en bien regarder les anges. Je leur ai écrit de la remercier.

J'ai été, comme tu le penses bien, annoncer mon mariage à sir John. — Mon cher, m'a-t-il dit, cela a failli m'arriver il y a trente-neuf ans. J'ai toujours eu depuis un secret désespoir que cela ne me soit pas arrivé en effet. Vous ne m'imitez pas, vous avez raison. Vous êtes très-probablement le huitième sage de la Grèce revenu au monde après un certain nombre d'existences pour redonner ce bel exemple aux célibataires. Minerve est avec vous, Polygnote.

Après cette homélie, il s'est levé, il est allé droit à la jolie armoire italienne que tu connais, il l'a ouverte et il en a tiré un écrin qu'il m'a offert en me disant : J'espère, ô Caïus, que Caïa ne nous fera ni à vous ni à moi l'injure de refuser ce *comerum?* J'ai ouvert l'écrin, il contenait une œuvre rare.

C'est une sardoine onyx à deux couches blanche et rouge du plus pur Orient. Le travail est d'un de ces

Italiens de la Renaissance qui se sont amusés longtemps à nous faire prendre leurs pierres gravées pour des antiques et qui, à force d'art, y ont quelquefois réussi. Omphale assise sur la peau du lion, joue avec la massue. A sa droite, sur une colonne, une petite Victoire aptère. Cela paraît être une allégorie. Si dans tes voyages tu apprends ce qu'elle veut dire, écris-moi-le.

Que ne fait-on pour Omphale, cher ami ! Ne dis rien à la postérité de ce qu'il me reste à t'apprendre.

J'ai conclu avec mon futur oncle une trève artistique et politique de trois mois qui n'est pas sans analogie avec la trève de Bordeaux. Je lui ai accordé que si Titien avait du talent, Fragonard en avait aussi : chacun le sien. J'ai fait pis. J'ai eu l'air de donner dans la République cons-ti-tu-tion-nel-le, mais pour trois mois seulement, rassure-toi. Après la noce je remets Titien sur la cimaise et je reviens à la République tout court.

Je donnerais bien des Fragonard pour être marié et pour être avec vous et avec ma femme à Venise. Je n'ai rien à te dire de Venise que tu ne connaisses aussi bien que moi. Pourtant, quand tu passeras devant Jacopo Soranzo, je te prie de lui faire pour moi la révérence. Je voudrais bien avoir été à sa place. Il a vu Titien face à face, et il a été sénateur... de Venise en 1522.

E poi?... *E poi*, c'est tout, sauf que je suis comme ci-devant, en Titien et en la République, le plus sûr de tes amis.

POLYGNOTE.

ÉRASTE A LA MARQUISE.

Venise, 12 mai.

Vos lettres apportent avec elles le calme et la règle.
En lisant celle que je viens de recevoir, madame et
chère tante, j'ai cru réentendre une voix qui me fut
bien chère, la voix qui guida mon enfance et qui s'est
tue à l'heure où j'aurais eu le plus besoin de l'entendre
encore, — à mon entrée dans le monde.

Le docteur est donc venu vous porter plainte, ma
lettre à la main, et vous l'avez renvoyé vaincu et content, sauf appel à Seelisberg pardevant ces Alpes naturelles, derrière lesquelles il s'obstine à ne pas voir ces
autres Alpes intelligibles, plus visibles pourtant que
celles qui ne sont que de terre et de pierre. Vous voulez
bien me donner raison contre lui et vous m'encouragez
à avoir raison jusqu'au bout.

Je m'y efforcerai de mon mieux; on ne peut trop
avoir le bon sens de son côté. J'y suis tenu d'ailleurs
plus que jamais. Avec l'adorable femme que vous m'a-
vez donnée je ne marche plus seul dans la vie et j'ai
besoin désormais d'y voir clair deux fois.

Les nouvelles que M. *** vous a données ne me paraissent non plus qu'à vous apporter aucun changement
notable à notre situation. Elle est toujours grave, puisqu'elle est toujours précaire.

Mais à qui revient la plus large part dans la responsabilité du péril? Aux partis dynastiques qui abusent de la liberté que la République leur donne pour entretenir dans le pays une agitation royaliste, stérile pour le bien, féconde pour le mal.

Plus j'écoute ces messieurs et plus je les lis, moins je les comprends.

Eh quoi? ils seraient déshonorés d'être républicains et leurs journaux l'impriment! Le mot de citoyen leur déchire la bouche! Et s'ils ne servent un prince, ils tombent au-dessous d'eux-mêmes!

Vous savez par expérience, madame et chère tante, vous qui avez vécu à l'étranger, comment hors des frontières on a une vue large des choses de la patrie. Le détail des agitations disparaît, mais l'ensemble de la situation se dessine avec d'autant plus de netteté aux regards. Ici, autour de nous, tout ce que nous voyons d'Italiens éclairés nous dit que les partis dynastiques leur semblent frappés du vertige avant-coureur des grandes disparitions. Quant à moi, je suis confondu, je vous l'avoue, de voir des hommes de ce mérite et de ce caractère, ne pas reconnaître que la démocratie, en cours de formation, au milieu de laquelle il nous faut vivre, est irramenable à aucune des formes politiques du passé.

Et les prétendants! Si vous entendiez ce qu'on en dit ici! Ils ne me sont connus à quelque maison qu'il appartiennent, ni par aucun bienfait, ni par aucune injure, et je n'ai contre eux aucune inimitié personnelle, mais il faudrait être mort à tout souci du bien public pour ne pas détester leurs compétitions dynasti-

ques. Elles sont criminelles, car sous couleur de nous venir en aide, elles ne tendent qu'à détruire la liberté et à déchirer la patrie.

Qui vois-je, d'ailleurs, autour des princes de la maison de Bourbon, de la maison d'Orléans ou de la maison des Bonaparte? Un petit cercle de fidèles, très-sincères sans doute et convaincus que leurs maîtres sont seuls capables de relever la France. Ces fidèles, très-honorables, rédigent des manifestes qui, lorsque le peuple les lit, le font éclater de rire ou le mettent en fureur. Autour de ces petits conseils privés, dont le personnel tiendrait à l'aise dans la moitié de votre salon, gravitent, s'agitent, s'empressent, affairés, bavards, intrigants, portant à Frohsdorff ce qu'ils ont entendu au faubourg Saint-Honoré, et à Londres ou à Florence ce qu'on leur a raconté de Frohsdorff, ce tourbillon de courtisans de naissance, Tantales de liste civile absente, mobilier animé de toutes les salles du trône écroulées ou à reconstruire, pour qui tout va bien dans l'univers s'il tombe une miette de la table du prince. Les voyez-vous passer et repasser devant l'un de ces prétendants, souvent devant deux, quelquefois devant les trois, avec ce même sourire béat, fixe et faux, que la duchesse d'Angoulême, la reine Marie-Amélie et l'impératrice ont vu tour à tour, en moins de trente ans, grimacer devant elles la même et écœurante protestation de dévouement? Et c'est pour la satisfaction de ces hommes qu'il faudrait encore une fois bouleverser l'État!

Vous me demandez ensuite, madame et bien chère tante, avec la douceur et la bonté d'une personne qui craint de toucher une blessure en la pansant, si je suis

bien sûr, tout républicain et républicain pratique que je
suis, d'être tout à fait revenu du pays *plus qu'idéal*. J'ai
été, en effet, sur ces cimes sublimes et terribles. J'y ai
vu, au milieu d'une nature morte, se lever sur des dé-
serts un flambeau morne et pâle incapable d'éclairer
l'horizon. J'ai compris alors que s'il est un passage à
l'ouest du pôle, il n'en est pas à l'occident de la pensée.
Je me suis retourné. Le soleil que j'étais allé chercher
trop haut inondait de lumière la vallée. J'y suis redes-
cendu ; je vous y ai rencontrées, vous et Lucile, et vous
m'avez réconcilié toutes les deux avec la vérité. Soyez-
en bénies.

Est-ce à dire que je n'aie rien rapporté de cette
ascension téméraire vers des sommets inaccessibles ?
Non. J'en ai rapporté cette pensée que s'il n'y a pas
d'âme sans corps, il n'y a pas non plus de corps sans
âme, et cela est devenu une des maximes de ma vie
d'homme public.

J'ai dit ce que je pensais, et rien que ce que je pensais, à Versailles, quand j'ai montré dans la réconciliation de la démocratie et de l'Église la voie du salut de
l'une et de l'affranchissement de l'autre. Ce sont des
penseurs peu érudits et peu sagaces, que ceux qui se
laissent encore prendre à cette fausse décrépitude de la
papauté, qui depuis tant de siècles a trompé tant de
gens, et ce sont des théologiens sans prévoyance et sans
mémoire, que ceux qui cherchent encore dans un re-
nouvellement de concordats avec les rois, désormais
chimérique, l'avenir possible de l'Église.

N'êtes-vous pas un peu coupable vous-même, madame et bien chère tante, de m'avoir confirmé dans ces

idées, vous qui n'avez pas craint de me donner notre bien-aimée Lucile? Quand j'y pense ou, si vous aimez mieux, quand j'y rêve, ce qui m'arrive encore quelquefois, il me semble qu'en unissant une catholique et un républicain vous avez fait en miniature ce que l'Europe cherche à faire en grand, ce qu'elle fera, si un pressentiment secret ne me trompe, c'est-à-dire l'alliance de la religion et de la démocratie. Ce sera, sous une forme splendide, la réalisation populaire de la devise des philosophes et des républicains : Dieu et la liberté!

ÉRASTE.

EN VENTE CHEZ LES MÊMES ÉDITEURS

DOCUMENTS PUBLICS POUR SERVIR A L'HISTOIRE DE LA GUERRE 1870-1871

(Collection de volumes grand in-18 à 1 fr. 50)

I. **Rapports militaires** du baron Stoffel. 1 fr. 50

II. **Le Siége de Metz,** par le général Deligny. 1 fr. 50

III. **Protestation des officiers français,** prisonniers en Allemagne, contre toute restauration bonapartiste . . . . 1 fr. 50

IV. **Journal officiel du siége de Strasbourg,** par le baron Ducasse, avec deux cartes et deux lettres autographes du général Uhrich sur le siége. . . . . 1 fr. 50

V. **Recueil complet** des dépêches officielles militaires des Allemands sur les opérations de la guerre 1870-1871. . . . . 1 fr. 50

VI, VII et VIII. **Recueil complet** des dépêches officielles militaires françaises, tant du gouvernement de Paris que des gouvernements de cours et de Bordeaux sur les opération de la guerre 1870-1871. 3 vol. . . . . chacun 1 fr. 50

DOCUMENTS PUBLICS POUR SERVIR A L'HISTOIRE DE LA COMMUNE DE PARIS (1871)

(Collection de volumes grand in-18 à 1 fr. 50)

I. **Le Bulletin des lois** de la Commune, recueil complet des lois, arrêtés, décrets et proclamations. . . . . 1 fr. 50

II. **Les Actes du Comité central** et des Commissions exécutives de la Commune. . 1 fr. 50

III. **Bulletin officiel** des séances de la Commune (Recueil complet des discussions et délibérations) . . . . 1 fr. 50

Paris. — Imp. Émile Voitelain et Ce, rue J.-J.-Rousseau.